Sitting Bull

Häuptling der Hunkpapa-Sioux

Ernie Hearting

Sitting Bull

Häuptling der Hunkpapa-Sioux

Sein Leben
nach historischen Quellen

Mit 16 Kunstdrucktafeln

Weltbild Verlag

Genehmigte Lizenzausgabe für
Weltbild Verlag GmbH, Augsburg 1992

Gesamtherstellung: Wiener Verlag, Himberg bei Wien
Printed in Austria
ISBN 3-89350-330-7

INHALTSVERZEICHNIS

Vorwort

1868. Die Regierung der Vereinigten Staaten von Nordamerika hatte mit den Dakota-, den Cheyenne- und den Arapaho-Indianern einen «Ewigen Frieden» geschlossen. Ein großes Gebiet, das von den Black Hills bis zu den Big Horn Mountains reichte, war den Stämmen für alle Zeiten als Eigentum und Heimat zugesprochen worden. Keines weißen Mannes Fuß sollte die Grenzen des Indianergebietes überschreiten dürfen – das war von den Regierungsbevollmächtigten beim Rauchen der Friedenspfeife, dem Kratzen der Federkiele und dem Zischen des Siegellacks feierlich verbrieft worden. Und niemals würden die roten Krieger wieder auf dem «Unreinen Pfade» wandern, das versicherten die würdevollen Häuptlinge.
Also schied man auseinander. Die Indianer frohen Herzens und voll gläubigen Vertrauens in die Macht der geschriebenen Verträge. Sie hatten den Frieden bitter nötig. Durch die vielen Kämpfe mit den weißen Truppen hatten sich die Reihen ihrer jungen Männer schon bedenklich gelichtet. Auch war das Wild, vor allem aber die Büffel, rar geworden in den Jagdgründen der Indianer. – Die Häuptlinge zweifelten nicht daran, neben den weißen Nachbarn inskünftig in Ruhe und ohne Mißhelligkeiten leben zu können.
Einige Monate lang ging alles gut. Die Indianer jagten, feierten ihre Feste, erzogen ihre Kinder und fochten unter sich ihre kleinen Stammesfehden aus. Dann aber begann sich das glückselige Bild zu trüben: Weiße Hitzköpfe, die sich einen Deut um abgeschlossene Friedensverträge kümmerten, waren in das Land des roten Mannes eingebrochen

und hatten den ersten Indianer, der sich ihnen erstaunt und ahnungslos näherte, kurzerhand über den Haufen geschossen. Oder ein Späher kam auf schweißbedecktem Pferde ins Lager gesprengt und meldete, daß weiße Jäger die Büffel zu Hunderten dahinmordeten.
Ehe das erste volle Jahr des «ewigen» Friedens zu Ende war, herrschten an der Indianergrenze wieder Gewalt und Totschlag, gellte wieder der schauerliche Skalpruf des roten Kriegers und wurde der gräßliche Grundsatz weißen Freibeutertums: «Jeder Indianer ist schlecht, gut ist nur der tote Indianer!» zum ungeschriebenen, aber tatsächlichen Gesetz.
Zum letztenmal nun entstand den bedrängten, um Freiheit und Lebensrecht kämpfenden Indianern aus ihren eigenen Reihen ein Held und Helfer von wahrhaft geschichtlicher Gestalt: Tatanka Yotanka, besser bekannt unter dem Namen «Sitting Bull» (Sitzender Büffelstier), Häuptling und Medizinmann der Hunkpapa-Sioux, eines mächtigen Dakotastammes. Von ihm und seinen Taten handelt die vorliegende Geschichte, die einen Zeitraum umfaßt, von dem der amerikanische Bischof Whipple sagte:
«Feierlich eingegangene Verpflichtungen sind von den Weißen schamlos verletzt worden. Der Indianer hatte keine andere Abhilfe als Krieg. In diesen Kriegen wurden zehn weiße Leute für einen Indianer getötet, und von den getöteten Indianern hat ein jeder die Regierung hunderttausend Dollars gekostet. Dann kam ein neuer Vertrag mit darauf folgenden neuen gebrochenen Versicherungen; ein neuer Krieg brach aus, so daß wir nicht hundert Meilen zwischen dem Atlantischen und dem Stillen Ozean haben, die nicht der Schauplatz einer Indianermetzelei gewesen wäre.»
Bei aller in Anspruch genommenen schriftstellerischen

Freiheit hat sich der Verfasser bemüht, den historischen Überlieferungen treu zu folgen und die volkskundlichen Gegebenheiten zu beachten. Er hegt die bescheidene Hoffnung, daß das Buch den jungen und den sich noch jung fühlenden Lesern die Indianer so zeigt, wie sie wirklich lebten, kämpften und litten. Möge es Verständnis wecken für das tapfere und tragische Ringen um die Freiheit und Unabhängigkeit der roten Rasse.

E. H.

Der Tod kam im Morgengrauen

Legt ihm unters Haupt die Beile,
Die er tapfer schwang,
Auch des Bären fette Keule,
Denn der Weg ist lang.

Schiller, Nadowessiers Totenlied

1831. In tiefer Ruhe lag ein Zeltlager der Hunkpapa-Sioux. Längst waren die Herdfeuer niedergebrannt. Männer, Frauen und Kinder schlummerten sorglos unter den weichen Büffeldecken, und selbst ihre treuen vierbeinigen Wächter, die Hunde, träumten von Jagd und Spiel. Etwas abseits des Dorfes, in der Dunkelheit nur undeutlich erkennbar, hielt die Pferdeherde. Einige wenige standen aufrecht und ließen ihre Köpfe tief hinunterhängen. Die meisten Tiere aber hatten sich gelagert und erwarteten schlafend den neuen Tag. Das geschäftige Rauschen des nahen Missouri schien die nächtliche Ruhe noch zu betonen, und die Sterne glitzerten freundlich auf dieses Bild des Friedens herunter.

Und doch nahte sich Gefahr! Auf leisen Sohlen, behutsam und peinlich darauf bedacht, jegliches Geräusch zu vermeiden, schlich sich der jahrhundertealte Erbfeind der Dakota an das schlafende Dorf heran. Krieger der Ojibway aus dem fernen Minnesota waren es, die sich in starker Zahl aufgemacht hatten, um Skalpe, Pferde und Frauen der Sioux zu rauben. Enger und enger zog sich die Schlinge um die arglosen Hunkpapa, und nicht einmal die Hunde bekamen die Witterung des anschleichenden Todes in ihre Nasen. Die Ojibwayspäher hatten die Lage des Dorfes genau erkundet. Als die Häuptlinge der bleich schimmernden Zelte ansichtig wurden, genügten einige knappe Handbewegungen, um ihre Krieger in die günstigsten Angriffsstellungen einzuweisen. Weißes Pferd, der Anführer dieses Kriegszuges der Ojibway, lächelte zufrieden. Von Norden her traf der hohle Jagdruf des Uhus seine Ohren, und von Süden her antwortete kurzes Kojotengekläff. Seine Krieger waren bereit und warteten auf das Angriffssignal des Häuptlings ...

*

Die dritte Morgenstunde mochte eben vorüber sein, als es im Tipi des Springenden Büffels lebendig wurde. Springender Büffel, ein hochgewachsener, kräftiger Mann von etwa vierzig Jahren, war der Häuptling dieses Dorfes, und er stand nicht nur bei seinen nächsten Leuten, sondern auch bei allen Stämmen der Dakota in hohem Ansehen. Außer ihm wohnten im Tipi noch seine bereits betagte Mutter, dann «Here holy door», seine junge, hübsche Frau, und in deren Armen schlummerte ihrer beiden erstes Kind, ein nur wenige Monate altes Büblein.

Die Greisin hatte, wie es bei alten Leuten nicht selten ist, nur einen kurzen Schlaf. Sie erhob sich von ihrem Fellager, zog rasch die Kleider an, blies in die verlöschenden Gluten des Herdfeuers und legte etwas Holz auf. Dann hüllte sie sich in eine Decke, griff nach ihrem kostbarsten Besitztum, einem verrußten gußeisernen Kessel, öffnete die Zeltklappe und schlüpfte lautlos hinaus. Ein frischer Wind strich um ihre verwitterten Züge. Tief atmete sie die kühle Nachtluft ein. Wohl war die Häuptlingsmutter eine Frau von über achtzig Jahren und ihr Haar von der Last des Alters weiß wie Schnee. Aber immer noch trug sie sich

aufrecht, werkte und schaffte wie eine junge Squaw und hatte nie Zeit gefunden, sich mit den sonst in diesen Jahren üblichen Zipperlein abzugeben. Ihre Augen blickten hell und scharf, und auch ihr Gehör schien kaum gelitten zu haben. Ja, so war sie, die Indianerfrau: Vom frühen Morgen bis zum späten Abend ging die Arbeit nie aus, aber sie hielt Körper und Geist gesund! – Die leisen Tritte der Greisin brachten den großen Wolfshund des Häuptlings auf die Beine. Schattengleich näherte sich das Tier, knurrte behaglich und rieb sich am Gewande der Frau.
«Ho, ho, Kola! Habe ich dich geweckt, Freundchen? Komm mit, wir wollen Wasser holen am nahen Fluß.»
Rüstig schritt sie fürbaß, den Hund an der Seite.

*

Hundert glühende Augenpaare beobachteten, wie die alte Frau aus dem Zelte trat und dem Fluß entgegeneilte. Weißes Pferd unterdrückte eine Verwünschung, als er den mächtigen Hund neben der Squaw sah. Diese scherte ihn wenig, da genügte ein lautlos geführter Hieb mit dem Tomahawk. Aber der verfluchte Köter konnte den Erfolg des ganzen Unternehmens in Frage stellen. Er griff nach Pfeil und Bogen. Nichts ahnte die Frau von der Nähe des blutgierigen, beutelüsternen Feindes. Jeder ihrer eiligen Schritte führte sie näher an ihr Ziel und an ihr Verderben heran. Plötzlich blieb der Hund stehen, sträubte seine Rückenhaare und knurrte tief und bösartig. Unmutig drehte sich die Indianerin.
«Ho, was machst du da für Dummheiten? So komm schon, lauf!» Da zischte es leise im Ufergebüsch. Mit allen vieren zugleich sprang der Hund empor und riß in ohnmächtiger Wut den Rachen auf. Doch der Laut erstarb, ehe er

hervorgestoßen war, und verendend zuckte das prächtige Tier vor den Füßen der fassungslos staunenden Greisin. Nun gewahrte sie den wippenden Pfeil in seiner Kehle. Namenloses, eiskaltes Entsetzen krallte nach ihrem Herzen. Sie wollte schreien – schreien vor Todesangst, schreien, um ihre Lieben, um ihr Dorf zu warnen. Aber der Schrecken lähmte ihre ohnehin schon brüchige Stimme, und der Feind war schneller. Ein Messer blitzte. Der Kessel entfiel der leblosen Hand und rollte lärmend den abschüssigen Hang hinunter.

*

Mit einem Ruck erhob sich Springender Büffel von seiner Lagerstatt. Noch wußte er sich den Grund seines Erwachens nicht zu erklären. Er gewahrte die leere Bettstelle der Mutter, aber das war nichts Ungewohntes, nichts Beunruhigendes. Schon wollte der Häuptling sich wieder zurücklegen, da vernahm sein scharfes Gehör huschende Tritte ... Zweige brachen ... Waffen klirrten! Jetzt begannen die Pferde angstvoll zu schnauben und zu stampfen. Ein Hund schlug wütend an. Jäh begriff der Häuptling. Mit beiden Händen faßte er nach den Schultern der schlafenden Frau und schüttelte sie wach. Verwirrt richtete die so heftig aus glücklichem Schlummer gerissene Gattin ihre dunklen Augen auf den Gemahl. Noch wußte sie sich sein Tun nicht zu erklären. Das Kind begann plärrend zu weinen. Da preßte der Häuptling seine Hand flach auf das Gesicht des zornig strampelnden Bübleins und raunte seiner Frau zu:
«Hanta! Hanta! Fort! Fort! Rette dich mit dem Kind! Die Chachatonuan[1] haben uns überfallen! Flieh, flieh!» Wohl

[1] So hießen die Ojibway in der Sprache der Dakota.

griff die Furcht nach dem Herzen der jungen Mutter. Aber als Indianerin wußte sie sich zu beherrschen. Während «Here holy door» sich zur Flucht rüstete, griff der Häuptling nach Messer und Tomahawk. Einen letzten Blick warf er noch auf Frau und Kind, dann stürzte er aus dem Zelt.

Von allen Seiten zugleich gellte nun der schaurige Kriegsruf der Ojibways. Bevor der Hunkpapahäuptling die Lage richtig übersehen konnte, prallte er wuchtig mit dem heranstürmenden Anführer der verhaßten Feinde zusammen. Springender Büffel taumelte, und ehe er sich gefaßt, fuhr ihm der blanke Stahl des Weißen Pferdes mitten ins Herz. Tödlich getroffen brach der Häuptling zusammen. Der Ojibway beugte sich siegestrunken über sein Opfer, packte mit der Linken das zu Zöpfen geflochtene Haar des Sioux und setzte zum Kreisschnitt an. – Mit rasender Schnelle flogen die Gedanken des Anführers: den Skalp des verhaßten Nadowessiwag[1] hielt er in seinen Händen, und als nächstes würde er die schöne Frau des toten Häuptlings aus dem Tipi holen! – Triumph! Triumph!

Unmittelbar hinter ihrem Manne verließ «Here holy door» das Zelt. Ihr Büblein trug sie, sorglich in eine Decke gehüllt, am Rücken verborgen. Eben wollte sie flüchtigen Fußes, wie es ihr der Häuptling geboten, dieser Stätte des Schreckens enteilen – da sah die junge Frau den Vater ihres Söhnchens leblos unter dem feindlichen Krieger liegen. Schmerz und Entsetzen bannten die Unglückliche auf dem Platze fest. Um sie herum tobte der Kampflärm, klirrten die Waffen und schrien die Getroffenen. «Here holy door» achtete sich dessen nicht. Ihre schreckgeweiteten Augen

[1] So hießen die Dakota-Sioux in der Sprache der Ojibway.

sahen nur den triumphierenden Feind, den Mörder ihres Gatten. Als sich Weißes Pferd bückte, um den von ihm besiegten Gegner zu skalpieren, fühlte die Frau, wie in ihr an Stelle von Schmerz und Trauer der übermächtige Wille aufkeimte, den Häuptling zu rächen und ihn vor dieser Entehrung zu bewahren. Mit einem Wutschrei stürzte sie sich dem Feind entgegen, packte gedankenschnell die Streitaxt, die ihrem Manne entfallen, und schmetterte sie mit Wucht auf den Schädel des Weißen Pferdes. Für jede Gegenwehr zu spät, fiel der Ojibway lautlos über sein Opfer, und mit dem verströmenden Blute entfloh auch das Leben. Der Tod des Springenden Büffels war gerächt!
Und nun erinnerte sich «Here holy door» wieder ihres Auftrages. Das Leben des Sohnes galt es zu retten. Gewaltsam riß sich die Frau von ihrem entseelten Gatten weg und floh nach Westen, dem schützenden Walde entgegen. Mit ihr flohen die anderen Weiber und Mädchen des Dorfes, um der Verschleppung in die entwürdigende Gefangenschaft zu entgehen. Doch selbst am Waldrande angekommen, dachte «Here holy door» noch nicht an Ruhe. Sie drang in das Dickicht ein – nur fort, nur fort! Weg von dieser Stätte des Grauens! Zweige peitschten ihr brennendes Gesicht. Spitze Dornen rissen blutende Wunden, und tückisches Wurzelwerk suchte ihre hetzende Flucht zu hemmen.

*

Im Morgengrauen war der Tod über das Siouxdorf gekommen. Trotz ihres heimtückischen Überfalls, der ihnen anfänglich alle Vorteile gewährte, wurden die Ojibway nach langem, verlustreichem Ringen geschlagen. Die Krieger der Hunkpapa hatten sich nach Überwindung des ersten Schreckens zu einer geschlossenen Front vereinigen können. Schritt um Schritt drängten sie den Feind zurück. Wohl gingen viele Tipis in Flammen auf und war die Pferdeherde in wahnwitziger Angst ausgebrochen. Aber die Sioux verstanden auch im Fußgefecht zu kämpfen, und die Wut über den feigen Angriff und über den Tod ihres Häuptlings verlieh ihnen Riesenkräfte. Als die ersten Sonnenstrahlen über dem Missouri aufzuckten, flohen die Chachatonuan in regelloser Flucht ihren Kanus entgegen. Zäh hefteten sich die erbitterten Hunkpapa an die Fersen der Feinde, und noch mancher Krieger aus dem Lande Minnesota mußte angesichts der Boote, die Rettung und Heimkehr versprachen, sein Leben aushauchen. Erst nachdem der letzte Ojibway sich dem Zugriff der rachedürstenden Sioux entzogen, kehrten die Männer wieder ins Dorf zurück. Dort sah es schauerlich genug aus! Trümmer lagen regellos umher. Rauch schwelte aus den verbrannten, zusammengestürzten Tipis. Unter den zahlreichen Gefallenen zählte man viele Tapfere des eigenen Stammes, die den Häuptling Springender Büffel auf seinem Wege in die Ewigen Jagdgründe hatten begleiten müssen. Alsgemach kehrten die Frauen, Töchter und Kinder zurück, mit ihnen auch «Here holy door» und ihr Söhnchen. Die Leichen der erschlagenen Brüder und Schwestern wurden zur gemeinsamen Bestattung vorbereitet. Dann vereinigten sich die Überlebenden zur Totenklage. Männer und Frauen färbten sich zum Zeichen der Trauer ihre Gesichter schwarz. Dumpf schlug die Trommel zum eintönigen Singsang der Sterbelieder. Und mit dem Schmerz um die Abgeschiedenen paarte sich der erstarkende Wille nach Rache und Vergeltung. Auge um Auge, Zahn um Zahn – so verlangte es das gültige Gesetz unter den roten Kriegern der Prärie.

Fest preßte «Here holy door» ihr Kind ans Herz. Dieses wenigstens war ihr geblieben, nachdem sie ihren Gatten und ihre Behausung verloren. Leidgebeugt, mit aufgelöstem Haar und ihren Tränen freien Lauf lassend, kniete sie vor der Leiche des Häuptlings. Während sie sich ganz ihrer Trauer hingab, fühlte sie sich plötzlich mit sanfter Gewalt emporgezogen. Aufblickend sah sie in das gütige Angesicht Wambli-lutas (Roter Adler), des Medizinmannes, der zugleich ihr ältester Bruder war.
«Meine Schwester verberge den Schmerz in ihrem Herzen», sprach Roter Adler tröstend, und auf das schlafende Kind weisend, fuhr er fort, «deinen Sohn werden wir zum würdigen Nachfolger seines Vaters erziehen.»

*

Wambli-luta hat seine Worte wahr gemacht. Aus dem kleinen Sohn des Springenden Büffels wurde später der berühmte und gefürchtete Häuptling Sitting Bull – der «Rote Napoleon»!

Tatanka Yotanka, der «Sitzende Büffelstier»

Der Donner rast in seinem Arm,
Er ist des Landes Stern.

Schiller, Kriegslied

Dreizehn Jahre waren verflossen seit jener tragischen Blutnacht, die den Häuptling Springender Büffel und viele tapfere Krieger der Hunkpapa das Leben kostete. Mit ihrem Söhnchen hatte «Here holy door» damals im Tipi des Medizinmannes Aufnahme gefunden. Die fürsorgliche Liebe des Bruders und die schwesterliche Zuneigung ihrer Schwägerin hatten die junge Frau wieder mit neuem Lebensmut erfüllt. Ihre frische Schönheit war zurückgekehrt, und mancher ehelustige Mann hätte sich glücklich geschätzt, sein Tipi mit der hübschen Witwe zu teilen. Es fehlte nicht an versteckter und offener Werbung, aber «Here holy door» gedachte sich nicht wieder zu verheiraten. Ihre Liebe galt dem gefallenen Häuptling und ihrem Sohne, der seit dem Tode seines Vaters den Namen Hakada (Der beklagenswerte Letzte) trug.
Hakada war mit den Jahren zu einem kräftigen, munteren Burschen herangewachsen. Auf einem gut gebauten Körper saß ein wohlgeformter, mit einer Flut langen, schwarzen Haares geschmückter Kopf, und aus dem ernsten, ausdrucksvollen Gesicht leuchteten ein Paar nachtdunkle Augen, die prüfend und abwägend in die Welt blickten. Sein ganzes Wesen zeugte von vornehmer Bescheidenheit und angeborener Würde.

Enge und tiefe Freundschaft verband ihn mit dem einzigen Sohn des Medizinmannes. Ite-o-Magazu (Regen-ins-Gesicht oder einfach Regengesicht) war wenige Jahre älter und hatte bereits die Weihe eines Kriegers erhalten. Die beiden Jünglinge zeichneten sich aus durch ihre meist völlig gegensätzlichen Eigenschaften. War der Jüngere bedächtig und von zurückhaltendem Wesen, so galt Ite-o-Magazu als richtiger Draufgänger, als tollkühner Hitzkopf, der keinen Gefahren auswich. So grundverschieden die beiden Jünglinge einem Unbeteiligten auch scheinen mochten, eines aber besaßen sie als gemeinsames Erbgut: unbestechliche Ehrlichkeit, gepaart mit hingebender Tapferkeit. Und diese Charakterzüge überwogen bei Regengesicht sogar den oft abstoßenden Eigensinn und den aufbrausenden Jähzorn.

Allerdings, seinem Vater bereitete er zu dessen Lebzeiten viele Sorgen und schlaflose Nächte. Ursprünglich hatte sich Wambli-luta mit dem Gedanken geschmeichelt, Ite-o-Magazu dereinst als seinen Nachfolger zu sehen. Es war für den Medizinmann wohl die größte und bitterste Enttäuschung gewesen, als er sich eingestehen mußte, daß dieser wilde Jüngling auch nicht die geringsten Voraussetzungen für die Erfüllung eines so hohen und verantwortungsvollen Amtes mitbrachte. Um nichts in der Welt hätte er den ungebärdigen, setzköpfigen Burschen bewegen können, in die stille, abgeschiedene und geheimnisvolle Einsamkeit indianischen Priestertums einzudringen. Vom frühen Morgen bis zum späten Abend auf dem Pferderücken sitzen, Hirsch und Büffel jagen, hin und wieder mit fremden Stämmen ein Scharmützel auf Coup[1] und Skalp wagen oder

[1] Wenn der Indianer im Kampfe mit seiner Waffe einen toten oder einen lebenden Feind berührte, dann zählte er einen Coup.

etwa einer der Siouxschönen den Hof machen – in solch abenteuerlichem Tun sah Regengesicht den einzig richtigen und für ihn bestimmten Lebenszweck. Vater Roter Adler machte süß-saure Miene zu dieser praktisch gehandhabten Auffassung seines als Krieger zweifelsohne vielversprechenden Sohnes. Es blieb ihm auch weiter nichts anderes übrig, und er war – natürlich ließ er das auf keinen Fall gelten – nicht ganz unschuldig an der ihm so unerfreulichen Entwicklung Ite-o-Magazus. Oft genug hätte die vielköpfige Zeltgemeinschaft des Medizinmannes am Hungertuch nagen müssen, wenn Regengesicht nicht schon im Knabenalter für das nötige Fleisch besorgt gewesen wäre. Tage konnte Wambli-luta im Zwiegespräch mit Wakan tanka (dem Großen Geheimnis)[1] und den zahllosen Geistern der Indianer verbringen, konnte die Rasseln schwingen und die uralten Lieder dazu singen. Aber davon wurde die Familie nicht satt. Und da der Vater sich meistens um so irdische Dinge wie die Beschaffung von Nahrungsmitteln nicht kümmerte, mußte halt eben Regengesicht auf sein Pony steigen und nach jagdbarem Wild Ausschau halten.

Wambli-luta war von jeher etwas weltfremd gewesen, und sein Beispiel beweist, daß zwischen den gelehrten Herren roter und weißer Hautfarbe gar keine großen Unterschiede bestehen. Nachdem er alsgemach seine Enttäuschung über das Mißlingen der von ihm gehegten Nachfolgepläne überwunden hatte, geriet er eines Tages ganz zufällig mit seinem Neffen Hakada in ein längeres Gespräch. Mitten in dieser zwangslosen Plauderei überkam es den alternden Medizinmann plötzlich wie eine Erleuchtung. Mehr und mehr wurde ihm offenbar, wie wenig dieser ernsthafte,

[1] So nannten die Dakota ihren Gott.

bescheidene Jüngling seinem leiblichen Sohne glich. Absichtlich, aber behutsam kam Roter Adler auf Dinge zu sprechen, mit denen sich zu beschäftigen ihm höchstes Glück und wirkliche Erfüllung bedeutete. Der Jüngling folgte ihm dabei mit erstaunlicher Sicherheit und zeigte darüber hinaus ein brennendes Interesse und ehrliche Begeisterung für alle diese Fragen. Neue Hoffnung begann im Herzen des Medizinmannes zu keimen. Von da an suchte er bewußt die Gesellschaft Hakadas, nahm ihn zuweilen abseits, um ihn ungestört und unbehelligt in weitere lange Gespräche zu verwickeln, ihn auf diese Weise sorgsam prüfend und beobachtend. Mehr und mehr machte sich Wambli-luta mit dem Gedanken vertraut, im Sohn des Springenden Büffels seinen Nachfolger zu sehen.

Nach langem Überlegen und Abwägen – eine zweite Enttäuschung wollte er begreiflicherweise vermeiden – formte sich in ihm endlich die Gewißheit, daß nur Hakada und kein anderer berufen war, die Würde des Medizinmannes zu erben. Er beriet sich deswegen auch mit den Häuptlingen und Ältesten des Stammes, und nachdem diese ihre Zustimmung gegeben hatten, bestellte er seinen Neffen für den kommenden Tag ins Tiotipi (Ratszelt).

Zum erstenmal betrat der Junge diese geheiligte Stätte. Mit klopfendem Herzen schlug Hakada die prächtig bemalte Büffeldecke über der Zeltöffnung zurück, und dann stand er in diesem Raum, in den einzudringen nur den Würdenträgern der Hunkpapa und fremden Gästen von hohem Rang gestattet war. Drinnen sah er sich einem Roten Adler gegenüber, wie ihn seine Augen nie zuvor geschaut hatten. Aus dem körperlich sonst eher unscheinbaren und leicht nach vorne gebeugten Manne war eine mit wundervoller Gewandung bekleidete und durch ihre aufrechte Haltung gebieterisch-imposante Gestalt geworden, die in der Mitte

des Zeltes stehend den vor Überraschung und Ehrfurcht erschauernden Jüngling erwartete. Auf dem Kopf trug Wambli-luta den mit Büffelhörnern verzierten wallenden Federschmuck, und in den Händen hielt er das heilige Kalumet der Hunkpapa. Mit aufgerissenen Augen starrte Hakada den ihm sonst so wohlbekannten, geliebten und jetzt so fremd und unnahbar gewordenen Onkel an. Dann erinnerte er sich aber seiner guten Erziehung und schlug den Blick züchtig zu Boden. Demütig blieb er stehen.
Wambli-luta hob das Kalumet und streckte es dem jungen Besucher entgegen. Das leise Rascheln der Federn veranlaßte Hakada, sich aufzurichten. Er sah die einladende Gebärde des Medizinmannes und trat einige Schritte näher.
«Mein Vater, ich bin gekommen!»
Wohlgefällig musterte Roter Adler seinen jungen Gast, dann erwiderte er:
«Der Sohn des Springenden Büffels sei willkommen im Tiotipi der Hunkpapa. Er öffne seine Ohren und lausche den Worten Wambli-lutas.»
Der Jüngling neigte zum Zeichen gehorsamen und respektvollen Einverständnisses leicht sein Haupt.
«Mein Vater spreche, ein Knabe der Hunkpapa wird ihm zuhören.»
Roter Adler legte die Pfeife in die Beuge seines linken Armes und setzte sich dann mit untergeschlagenen Beinen an das leise knisternde Ratsfeuer. Mit einer Handbewegung forderte er seinen Neffen auf, ihm gegenüber Platz zu nehmen. Hakada tat, wie ihm geheißen. Nach einer weiteren kurzen Anstandspause begann der Medizinmann zu sprechen. «Meine Augen haben viele Winter gesehen, und die Zeit ist nicht mehr ferne, wo Wambli-luta sich in den Ewigen Jagdgründen mit den ihm vorausgegangenen Tapfe-

ren der Hunkpapa versammeln wird. Bei unserem Volke ist es Brauch, daß der Medizinmann, wenn sich der Schnee des Alters auf sein Haupt legt, nach einem würdigen Nachfolger Umschau hält. Es obliegt ihm die Aufgabe, in jener vom Großen Geheimnis noch gewährten Spanne des Lebens einen tapferen, angesehenen Jüngling so zu lehren und mit den Geheimnissen des Amtes vertraut zu machen, daß dieser jederzeit an seine Stelle treten kann. Die Häuptlinge und Ältesten der Hunkpapa wollen, daß der Sohn des Springenden Büffels dereinst die Würde des Medizinmannes tragen soll. How!»

Nach diesen Worten stopfte Roter Adler das Kalumet, ergriff einen glühenden Span und setzte die Pfeife in Brand. Der Jüngling blieb unbeweglich. Sein gleichmütiges Gesicht verriet nicht die ungeheure Spannung, die aufwühlende Erregung, die die Worte des Medizinmannes in ihm entfacht hatten. Freude erfüllte sein Herz, überschäumender Jubel drohte seine Kehle zu sprengen, denn nun sollte sich erfüllen, wovon er insgeheim immer geträumt, an dessen Verwirklichung er aber nie zu glauben wagte.

Wambli-luta rauchte sechs Züge aus dem Kalumet. Dann reichte er die Pfeife Hakada, und dieser folgte dem Beispiel seines Onkels. Als diese feierliche Handlung zu Ehren Wakan tankas beendet und das Kalumet vom Medizinmann wieder peinlich sauber gereinigt worden war, setzte er seine Rede fort.

«Wenn die Sonne sich wieder erhebt, werden Wambli-luta, Ite-o-Magazu und Hakada gemeinsam bis zum Fuß der großen Felsenberge reiten. Von dort wird Hakada sich allein entfernen, um in völliger Abgeschiedenheit mit Wakan tanka Zwiesprache zu halten. Wenn der Sohn des Springenden Büffels zurückkehrt zu seinen wartenden Gefährten, wird Wambli-luta von ihm seinen Namen und die

Antwort erfahren auf das, was die Häuptlinge und Ältesten der Hunkpapa beschlossen haben. Hakada mag jetzt gehen und sich vorbereiten.»

*

Früh am andern Morgen verließen die drei das Dorf und ritten westwärts, den Rocky Mountains entgegen. Sie folgten dem Laufe des wilden, düsteren Missouri, der seine schmutzig-braunen Fluten donnernd an ihnen vorüberführte. Stundenlang, ohne je ein Wort miteinander zu wechseln, zogen sie dahin. An der Spitze Wambli-luta, gefolgt von Hakada und Ite-o-Magazu. Onkel und Neffe hingen ihren Gedanken nach, und Regengesicht spähte aufmerksam nach allen Himmelsrichtungen, um vor allfälligen unangenehmen Überraschungen gesichert zu sein. Es ging schon gegen Abend, als der kleine Trupp endlich die ersten Ausläufer des mächtigen, hochragenden Gebirges erreichte. Sie lenkten ihre Pferde in ein liebliches Tal. Eichen und Platanen spendeten willkommenen kühlen Schatten, und ein prächtiger, blumengeschmückter Grasteppich, der sich von einer Talseite zur andern spannte, lockte zu Rast und Lagerfeuer. Ob solch unberührter Schönheit öffnete sich das Herz des Medizinmannes.
«Söhne», sprach er bewegt, «es ist ein wunderschönes Land, das Wakan tanka seinen roten Kindern gegeben hat. Seien wir ihm stets dankbar dafür!»
«Ho, ho», erwiderten die beiden Jünglinge, und Ite-o-Magazu fuhr bekräftigend fort: «Mein Vater hat wahr gesprochen. Es ist ein schönes Land, das wir im Besitze haben. Aber es fordert tapfere Krieger, die es verteidigen können.»
Wambli-luta ließ bei einer munter sprudelnden Quelle

anhalten. «Hier laßt uns absteigen, und an dieser Stelle, Hakada, werden wir dich wieder zurückerwarten. Bevor du dich aber entfernst, wird Ite-o-Magazu uns noch etwas zu essen besorgen.»
Gehorsam griff Regengesicht nach Pfeil und Bogen und huschte davon. Roter Adler setzte sich neben die Quelle und schaute seinem Neffen zu, der mit flinken Händen die Pferde anhobbelte und nachher ein kleines Feuer entfachte. Kaum waren diese Arbeiten getan, kehrte der Sohn Wambli-lutas mit einer feisten, bereits aufgebrochenen Antilope zurück. Er schnitt eine Keule heraus und legte sie über das Feuer. Den Rest des Wildes hing er an den Ast eines nahen Baumes. Behaglich lagerten die drei. Der Medizinmann wie immer in Gedanken versunken, die beiden Jungen sich um den appetitlich duftenden Braten bemühend.
Schon war die Sonne hinter den Felsenzinnen verschwunden, und die Schatten wurden länger und länger. Regengesicht erhob sich, um die gar gewordene Keule vom Feuer zu heben. Da blieb er plötzlich wie angewurzelt stehen.
«Vater! Hakada! Schaut hin! Tatanka! Büffel!»
Diese hastig gesprochenen Worte ließen die beiden andern auffahren. Auch die Pferde begannen angstvoll zu schnauben. Nur die Fußschlingen hinderten sie daran, in toller Flucht das Weite zu suchen. Wambli-luta und Hakada näherten sich ihrem Gefährten. Dieser wies ihnen die Richtung. Der Medizinmann wich unwillkürlich einen Schritt zurück, dann streckte er abwehrend seine Hände gegen eine nahe Baumgruppe.
«Wah, wah! Der böse Geist der Berge! Hanta, hanta, uh! Fort da, fort von hier!»
Wahrhaftig, das Bild, das sich den drei erschrockenen Indianern bot, war unheimlich genug. Im Dämmerdunkel

zweier ausladender Platanen stand ein mächtiger Büffelstier. Tief hing sein zottiger Kopf mit den tückisch funkelnden Augen gegen den Boden. Es schien, als mache er sich bereit, die ungebetenen zweibeinigen Eindringlinge in wuchtigem Ansturm zu überrennen. Wütend scharrte er mit seinen scharfen Hufen das weiche Erdreich auf. Grasbüschel flogen weg, Erdbrocken prasselten in das Baumgelaub. Nun stieß das urweltliche Ungetüm ein dumpf-grollendes Brüllen hervor. Heftig peitschte der kurze Schwanz die dunklen, glänzenden Flanken.
Die drei Hunkpapas waren ohne ihr Wissen in das Gebiet eines alten, vergrämten Einzelgängers geraten, der durch sein ganzes Gehaben deutlich offenbarte, daß er nicht gesonnen war, seine Rechte mit anderen zu teilen. Im Gegensatz zu seinen Artgenossen, die in jener Zeit noch zu Hunderttausenden die Prärien westlich des Mississippi bevölkerten und die vor den Menschen, wenn sie von diesen gejagt wurden, in der Regel flüchteten, konnten solche Einzelgänger, meistens von jüngeren Nebenbuhlern im Zweikampf entthronte und verjagte Leitstiere, jedem Lebewesen, das ihren Weg kreuzte, sehr gefährlich werden. Mit erbitterter Wut und mit dem einzigen Ziel zu töten, griffen sie alles und jedes an, das sich ihnen entgegenstellte. In den Augen der Indianer galten solche Büffelbullen als böse Geister, und sie wichen ihnen, wenn immer möglich, tunlich aus. Gelang es hingegen einem Jäger, in unabwendbarem Kampfe einen dieser zu Recht gefürchteten Einzelgänger zu erlegen, so wurde er mit den höchsten Ehren gefeiert.
Als erster fand Ite-o-Magazu seine Fassung wieder. Jede Bewegung des grimmigen Bullen beobachtend, griff er behutsam nach Köcher und Bogen. Er legte einen besonders starken Pfeil auf die Sehne, zielte und schoß. Im

Augenblick der Schußabgabe vollzog der Stier eine drehende Bewegung, und der Pfeil bohrte sich etwa handbreit vom Blatt weg tief in den massigen Leib. Blitzschnell kehrte sich das schwer getroffene Tier dem Schützen zu und raste auf den jungen Krieger los. Knapp um Körperbreite wich Regengesicht seitwärts aus. Bevor der Indianer einen zweiten Pfeil auflegen konnte, griff der Büffel von neuem an. Das geschah mit einer derart unwirklichen Geschwindigkeit, daß Ite-o-Magazu nicht mehr genügend Zeit fand, rechtzeitig auszuweichen. Roter Adler stieß einen schrillen Angstschrei aus. Er sah den Sohn in höchster Lebensgefahr.

Aber jetzt bewährte sich die treue Freundschaft zwischen den beiden Jünglingen. Voller Spannung hatten Wambliluta und Hakada den tödlichen Zweikampf zwischen Mensch und Tier verfolgt. Als Regengesicht seinen ersten Schuß fehlte, griff der Jüngling nach seines Freundes Lanze, die wenige Schritte von ihm entfernt an einem Baume lehnte. Hakada sah den Sohn des Roten Adlers wehrlos dem furchtbaren Feinde ausgeliefert, er hörte den Schrei des entsetzten Vaters, und er handelte ungesäumt. Mit einem Panthersatz warf er sich unmittelbar neben den Freund und schleuderte die Lanze aus nächster Nähe mit gewaltiger Kraft dem Büffel in die Seite. Wie vom Blitz getroffen, brach der Stier zusammen, kaum mehr als zwei Armlängen vor den beiden Jünglingen. Nun gewann auch Regengesicht seine Geistesgegenwart wieder zurück. Er packte Hakada am Arm und zog ihn weg. Aus sicherer Entfernung beobachteten sie den Todeskampf ihres Gegners. Noch einmal war es dem Riesen gelungen, sich aufzurichten. Auf zitternden Beinen stand der verwundete Kämpe. Die Lanze hatte mitten ins Blatt getroffen. Ein dumpfes, gequältes Stöhnen drang aus dem weit geöffneten

Maul. Nun schien es, als ob die stämmigen Hinterbeine plötzlich den schweren Körper nicht mehr zu tragen vermochten. Sie knickten ein, und in einer seltsamen, gleichsam sitzenden Stellung, als wolle er seine Überwinder nochmals prüfend mustern, verendete das Tier.

Ite-o-Magazu und Hakada, beide bis ins Innerste aufgewühlt, blickten sich an. Stumm bot der Ältere seinem Lebensretter die Rechte dar. Hakada ergriff die Hand seines Freundes und preßte sie mit überströmender Bewegung. Aus Freunden waren die beiden Brüder fürs Leben geworden!

Hingerissen vor Freude und Bewunderung über die kühne, selbstlose Tat seines Neffen und über die wundersame Errettung Ite-o-Magazus aus höchster Todesnot, kam Wambli-luta herangeeilt. Vor Hakada blieb er tief atmend stehen und legte ihm beide Hände auf die Schultern. Mit einer Stimme, die seine Erschütterung verriet, redete er den Jungen an:

«Wakan tanka hat dich geprüft und zwar auf eine Weise, deren sich selbst die Ältesten unseres Stammes nicht entsinnen können. Er ließ den bösen Geist der Berge deinen Weg kreuzen. Du hast ihn in offenem Zweikampf besiegt und dadurch das Leben eines tapferen jungen Kriegers gerettet. Sieh den toten Büffel an, Hakada, durch ihn hat dir Wakan tanka deinen Namen gegeben. Von nun an wird man dich Tatanka Yotanka (Sitzender Büffelstier) rufen, und an allen Lagerfeuern der Dakota wird man erzählen, wie Tatanka Yotanka den bösen Geist der Berge in die Knie zwang!»

Freude leuchtete aus dem Angesicht des Jünglings, als er antwortete:

«Dank, Vater! Dank für deine Worte! Der Freund hat für seinen Freund das Leben eingesetzt. Die Hunkpapa kennen es nicht anders. Und jetzt wisse, daß Tatanka Yotanka deinen Spuren folgen will und dir verspricht, alles zu tun, was du ihn auch heißen magst.»

*

Der Medizinmann hatte richtig gesprochen. Mit Windeseile verbreitete sich Tatanka Yotankas Tat von Dorf zu Dorf der Dakota. Ihre Kunde drang auch zu den Feinden der Sioux, und sie fand sogar Eingang in den Forts der Mila hanska (Langmesser, d. h. Soldaten). Zum erstenmal hörten die Offiziere und Soldaten der Vereinigten Staaten von Nordamerika den Namen Tatanka Yotanka, und sie übersetzten ihn sinngemäß mit Sitting Bull. Keiner der Weißen ahnte damals, was Sitting Bull, der Hunkpapa, dereinst für sie und ihre Nachfahren bedeuten sollte.

Rassel und Totem

O du mächtiger Baum, Wächter der Berge!
O du, Geist des Bären, mein Bruder!
Ihr seid meine Beschützer!
Hört mich!

Aus einem indianischen Gebet.

Eine geheimnisvolle Welt offenbarte sich dem jungen Sitting Bull, da er nun als Schüler Wambli-lutas auf das hohe Amt eines Medizinmannes vorbereitet wurde. Tage- und wochenlang saßen die beiden im Medizinzelt, und vom frühen Morgen bis zum Einbrechen der Dunkelheit war der Rote Adler seinem Neffen ein verständnisvoller, aber unermüdlicher Lehrer. Mit der ganzen hingebenden Begeisterung seiner Jugend widmete sich Sitting Bull der neuen Aufgabe. Seine Lernbegierde schien unerschöpflich, und mehr als einmal sah sich der Medizinmann veranlaßt, mit einem Machtwort den Unterricht abzubrechen, weil er fürchtete, die Kräfte des Schülers über Gebühr anzustrengen. Wambli-luta war des Lobes voll über die Klugheit und über den Fleiß seines Neffen, und mit ihm freuten sich die Häuptlinge und Ältesten der Hunkpapa. Wahrhaftig, der Sohn des Springenden Büffels erwies sich des Vertrauens würdig, das die Verantwortlichen des Stammes ihm entgegenbrachten.

In den Augen aller Hunkpapa galt Roter Adler zu Recht als ein Suja Wakan, als ein großer Medizinmann. Man kannte ihn als treuen Diener des Großen Geheimnis' und als trefflichen Arzt für Leib und Seele. In einer Person war er Chronist des Stammes, Überlieferer und Bewahrer von

Sitte und Brauchtum, Lehrer, Priester und endlich ein ganz ernst zu nehmender Heilkundiger für allerlei körperliche Gebresten. Alle diese Ämter vereinigte Wambli-luta in sich, und ihre Aufzählung zeigt, welch weit gespannten Lehrstoff Sitting Bull zu bewältigen hatte.

Als erstes mußte sich der künftige Medizinmann mit der großen Nation der Dakota-Indianer und mit den übrigen Stämmen und Völkern auf den Prärien und in den Gebirgen des mittleren Westens vertraut machen. In jener Zeit wohnten und jagten die Dakota, die zu der großen Familie der Sioux gehörten, in einem Gebiet, das im Osten durch den «Vater aller Ströme», den Mississippi, im Westen durch die Rocky Mountains, im Norden von Kanada und nach Süden durch den Nebraska-River begrenzt wurde. In Minnesota streiften die Dakotastämme der Mdewakanton und der Wahpekute, beide bekannt als «Santee», ferner die Sisseton, die Wahpeton, die Yankton und die Yanktonais. Diese sechs Stämme bezeichnete man als die «östlichen Dakota». – Nördlich des oberen Missouri und bis über die kanadische Grenze hinaus waren die ebenfalls zu den Sioux gehörenden Assiniboin oder «Steinkocher» beheimatet. – Beidseits des Missouri lebten die «westlichen Dakota» oder Teton-Dakota, zu denen auch die Hunkpapa zählten. Die Teton nannten sich die Otchenti Chakowin, auf deutsch «Die sieben Ratsfeuer». Damit wird gesagt, daß dieses mächtige Volk der Sioux sich aus sieben Stämmen, die unter sich eine gemeinsame Sprache besitzen, zusammensetzt. Außer den Hunkpapa gehörten – und gehören heute noch! – der Teton-Familie an: die Oglala, die Sit-can-xu (Brulés), die Miniko-o-ju (Miniconjous), die I-ta-zip-tca (Sans Arcs), die O-o-he-no-pa (Two Kettles) und die Si-ha-sa-pa (Schwarzfuß-Sioux), alles in allem etwa zwanzigtausend Seelen. Von den östlichen Dakota unterschieden sich die Teton in gewissen Bereichen des Lebens, so auch in der Sprache. Als Brudervölker waren sie aber nie miteinander verfeindet, und gegenüber fremden Indianern besaßen sie ein gemeinsames Erkennungszeichen: Mit der flachen rechten Hand vollführten sie die Gebärde des Kopfabschneidens.

Bis zu ihrer Unterwerfung galten die Dakota als tapfere, kriegerische und freiheitsdurstige Indianer. Treue Freunde besaßen sie, besonders die Teton, in den Cheyenne, von ihnen Sha-hi-yena, d. h. «Volk einer anderen Sprache», genannt und in den Arapaho. Beide gehörten den Algonkin, der zahlenmäßig größten indianischen Familie des nordamerikanischen Kontinents, an. – Zahlreicher waren ihre Feinde, denn mit Ausnahme der Cheyenne und der Arapaho lebten die Dakota und vorab die Teton mit allen ihren Nachbarn in Unfrieden. Am grimmigsten bekämpften und haßten sie wohl die Ojibway, eine ihnen an Zahl gewaltig überlegene Völkerschaft der Algonkin. Die Dakota nannten ihre Erbfeinde Chachatonuan, und diese wiederum bezeichneten ihre Gegner aus dem Westen als Nadowessiwag. Aus diesem Ojibwaywort haben französisch sprechende kanadische Coureurs[1] den Ausdruck «Sioux» geformt. Die streitlustigen, kriegsstarken Banden der Sisika oder Schwarzfüße, ebenfalls algonkinischen Ursprungs, zogen, wo immer sich Gelegenheit bot, mit Wonne auf den «Unreinen Pfad» gegen die Teton, nicht minder auch – und das ist eigentlich merkwürdig – die ebenfalls der Siouxfamilie zugehörigen Absaroka (Krähen), die in festen Dörfern wohnenden hochsinnigen Mandaner und Arikara und die Hidatsa. Die Reihe der hauptsächlichsten Feinde wäre unvollständig, würden die Pawnee nicht erwähnt werden,

[1] Waldläufer.

die damals in ihren Dörfern hin und wieder noch dem Menschenopfer huldigten.

*

Sitting Bull merkte sich alle diese Namen, und er sehnte sich darnach, einmal die Bruderstämme der Dakota aufzusuchen oder mit den Feinden den Tomahawk zu kreuzen. Aber Roter Adler war mit diesem Kapitel seines Unterrichtes noch nicht ganz zu Ende. Seine Stimme sank zu einem beinahe ängstlichen Flüstern, als er von merkwürdigen bleichgesichtigen Menschen zu berichten wußte, die ostwärts des «Vaters aller Ströme» ihre «Steinernen Tipi» gebaut hatten. Er nannte diese Wesen Watschitschun und gab zu verstehen, daß diese wenn möglich noch zahlreicher seien als die «hündischen» Chachatonuan und daß sie «Geheimnisvolle Eisen» besäßen, aus denen sie Feuer und Donner ausspeien konnten. Atemlos lauschte Sitting Bull den Worten seines Lehrers, und er glaubte, daß diese Bleichgesichter ganz besondere Lieblinge Wakan tankas sein müßten, wenn er sie mit solchen wunderbaren Gaben beschenkt hatte.
Bis um die Mitte des neunzehnten Jahrhunderts waren die Hunkpapa und die meisten anderen Tetonstämme mit den Weißen noch kaum in Berührung gekommen. Sie dankten das in erster Linie Kangi Tschikula (Kleine Krähe), dem Oberhäuptling der Santee. Dieser kluge und vorausblikkende Indianer lebte mit seinen Stämmen bereits in nächster Nachbarschaft der Weißen, und die Erfahrungen, die er mit den Bleichgesichtern sammelte, waren nicht eben die besten. Auf die Dauer hatte Kangi Tschikula die Geduld und das anfänglich bewiesene zurückhaltende Wohlwollen gegenüber den Watschitschun gründlich verloren.

Er ließ ihnen mitteilen, daß jeder Weiße, der von nun an das Gebiet zwischen Missouri und dem Plateau du Coteau du Missouri betreten sollte, Skalp und Leben verlieren würde. Da die Sioux im allgemeinen nicht dafür bekannt waren, nur große Sprüche zu machen, sondern in der Regel ihren Worten auch Taten folgen ließen, gaben die Watschitschun vorläufig Ruhe und unterdrückten ihre Landgelüste.
Roter Adler glaubte nun seinen Schüler genügend über die Geschichte des eigenen Volkes und über die befreundeten und feindlichen Stämme aufgeklärt zu haben und wandte sich jetzt der eigentlichen Tätigkeit des Medizinmannes zu. Tagsüber und zuweilen auch in nächtlichen Stunden ertönte aus dem Medizinzelt das eigenartige Geräusch der Rasseln, der dumpfe Lärm hautüberspannter Trommeln, untermalt und vermischt mit eintönigem Singsang und schrillem, durchdringendem Pfeifen. Draußen schlichen Erwachsene und Kinder scheu vorüber oder schlugen sogar einen großen Bogen um das Medizinzelt, denn Wambliluta und sein Schüler unterhielten sich mit den zahlreichen guten und bösen Geistern, die im Leben der roten Menschen eine so große Rolle spielten. Das Innere des Medizinzeltes glich einem gespenstischen, spukhaften Raum. In der Mitte blakte ein kleines Feuer und warf zuckend Licht und Schatten durcheinander. An den Wänden und Stangen hingen allerlei merkwürdige Dinge: Präparierte und unpräparierte, bemalte und unbemalte Felle, ausgestopfte Vögel und kleine Säugetiere der Prärie und des großen Felsgebirges. Dort war ein mächtiges Bisonhaupt auf einer Stange aufgespießt, und gegenüber dem Eingang baumelten eine Reihe getrockneter, rot gefärbter Skalpe. Stück um Stück dieser kostbaren Gegenstände nahm Roter Adler in die Hand und erklärte seinem Schüler ihre Bedeutung. Er

machte ihn bekannt mit den verschiedenen Totem[1] des Stammes und den zahlreichen geheimen und offenen Gesellschaften. Totem hießen die Wahrzeichen oder die Wappen der Stämme, der Sippen und Familien, der Gesellschaften und Geheimbünde und der einzelnen Krieger. Es war wichtig, daß Sitting Bull von jedem einzelnen Gegenstand in diesem Arsenal indianischen Priestertums Bescheid wußte, und zwar genau so, wie sich ein weißer Arzt in seinen Pillen, Pülverchen und Wässerchen auskennen muß.

Überall glaubte sich der Indianer von Geistern umgeben, die alle von der obersten Gottheit, Wakan tanka, dem Großen Geheimnis, geschaffen und geleitet wurden. Jedes Tier, jeder Baum, jeder Strauch und jede Quelle, ja sogar Steine und Grashalme konnten Medizin, das heißt Träger von guten oder bösen Geistern sein. Und wohl gerade deshalb waren die Indianer – und sie sind es zum Teil heute noch! – so innig mit der Natur verbunden und standen mit lebenden und toten Wesen auf vertrautem Fuße. Dieses familiäre, ja geschwisterliche Verhältnis mit der Natur, untermauert durch einen kindlich-ehrfürchtigen Gottesglauben, bildete die unversiegbare Quelle, aus der die roten Männer ihre von den Weißen so bewunderte Seelenstärke schöpften. Mittler zwischen der Welt des Übersinnlichen und des Wirklichen war vor allem der Medizinmann. Er verstand die Zeichen Wakan tankas und seiner Geister zu deuten und dem Menschen begreiflich zu machen. Als einst ein berittener Siouxkrieger von seiner Bande abgesprengt wurde, verirrte und verunfallte, sandte er in seiner Not dieses Gebet an das Große Geheimnis:

[1] Das Totem kann am besten mit einem Familienwappen verglichen werden.

«Wakan tanka, der Du überall wohnst, Deiner Gnade wegen bin ich noch am Leben. Vielleicht aber hast auch Du mich ins Unglück gestürzt, denn Du hast ja Macht über alle Dinge. Da aber nichts unmöglich ist für Dich, bitte ich Dich um Gerechtigkeit und um Erlösung aus meinem Unheil. – Und jetzt, ihr alle, ihr Fische in den Flüssen, ihr Vögel in der Luft und ihr Tiere, die ihr über die Erde läuft, euch opfere ich mein bestes Pferd, wenn ihr bei Wakan tanka für mich Fürsprache einlegt. Hört mich, ihr alle, wir sind doch Geschwister, denn ein einziger Vater hat uns erschaffen. Seht, wie unglücklich ich bin, und bittet für mich!»

Roter Adler zog sich auch die verschiedenen Kostüme und Masken an, die er als Medizinmann bei den zahlreichen und verschiedenen Feierlichkeiten und Festen zu tragen pflegte. Er erklärte dem Schüler die Bedeutung, die jeder einzelnen Tracht und jeder Maske zukam. Er lehrte ihn die vielen Lieder und Zaubersprüche, die zu singen und zu sprechen waren, und er führte ihn ein in die Welt des Mystischen, über deren Offenbarungen nicht nur die «ungebildeten», abergläubigen Indianer staunten, sondern auch die studierten und aufgeklärten Gelehrten und Forscher – wenn sie je einmal mit dieser Welt in Berührung kamen. Große Bedeutung schenkte Wambli-luta natürlich den Traumbildern. Im Traume sprach er mit Wakan tanka, und im Traume erforschte und sah er die Zukunft. Traumgesichter wurden von jedem Indianer ernst genommen, bargen sie doch oft – je nach ihrem Inhalt – für den Betreffenden lebenswichtige Schlüsse. Da sich die Zwiesprache mit dem großen Geheimnis vielfach vor versammelter Häuptlings- und Kriegerrunde abspielte, mußte der Medizinmann noch ein übriges tun, um diese ohnehin weihevolle Handlung ganz besonders eindrucksvoll zu gestalten. Es standen ihm dafür alle Mittel zur Verfügung, vom plumpen Trick bis zum wahrhaft übersinnlichen und besonders erlebniskräftigen Zeremoniell. Sitting Bull eignete sich alle diese vielfachen Kenntnisse an, und als es Jahrzehnte später um Sein oder Nichtsein der Tetonstämme ging, leisteten sie ihm unschätzbare Dienste. So ist es verständlich, daß der Medizinmann starken und direkten Einfluß auf entscheidende Beschlüsse am Ratsfeuer eines Stammes, beispielsweise über Krieg oder Frieden besaß. Roter Adler zeigte sich stets besorgt, seinen Neffen nicht zu überanstrengen. Schließlich dauerte die «Studentenzeit» Sitting Bulls mehrere Jahre. Deshalb unterbrach er von Zeit zu Zeit den Unterricht durch längere Pausen, oft sehr zum Mißvergnügen des Schülers, der völlig in seiner neuen Umgebung aufging. Immerhin, diese «Ferien» zeigten auch ihre guten Seiten, und vor allem kam dann die Freundschaft zwischen Tatanka Yotanka und Ite-o-Magazu wieder zu Ehren. Sitting Bull müßte kein echter Teton gewesen sein, hätte er neben der Freude an Jagd und Spiel nicht auch hin und wieder an einem kriegerischen Unternehmen Lust gehabt. Kaum ein Urlaub ging vorüber, wo er nicht mit Regengesicht und einer Bande junger Krieger gegen die Krähen und andere Feinde gezogen wäre. Bei aller Angst, die Wambli-luta um das Leben seines so verheißungsvollen Nachfolgers dann und wann auch ausstehen mochte, billigte er aber diese Kriegszüge. Auch er huldigte dem Siouxbrauch, den Wert eines Mannes nach der Zahl seiner Coups und der von ihm gestohlenen Pferde einzuschätzen. – Mit fünfzehn Jahren wurde Sitting Bull zum Krieger geweiht, und sein Bruder Ite-o-Magazu erhielt als Zwanzigjähriger die Würde eines Kriegshäuptlings. Mit Rotem Adler zeigte sich der ganze Stamm erfreut über die kriegerischen Taten der beiden jungen Männer.

Jeweils nach Ferienschluß widmete sich Tatanka Yotanka mit neuem Eifer und frischen Kräften seinen Aufgaben. Wiederholt durfte er Wambli-luta bei heiligen Handlungen behilflich sein, und die Versammelten am Ratsfeuer hegten allgemein die Auffassung, in Sitting Bull eine vielversprechende Kraft gefunden zu haben. Roter Adler begann jetzt seinen Neffen in die Geheimnisse der Heilkunde und der ärztlichen Praxis einzuführen. Erstaunlich, was für tiefe und umfassende Kenntnisse dieser Medizinmann besaß! Gegen jede Krankhcit – es gab deren zwar nur wenige – und gegen jede Wunde wußte er ein heilsames Tränklein oder eine gesundheitsfördernde Salbe, und er erzielte mit seinen Pflege- und Behandlungsmethoden ausgezeichnete Ergebnisse. Überhaupt waren die indianischen «Ärzte» weitherum berühmt für ihre Fähigkeiten. Selbst auf diesem schwierigsten Gebiete der exakten Wissenschaften mußten und müssen weiße Gelehrte immer noch eingestehen, daß ihren roten «Kollegen» in der Heilung kranker Seelen und Leiber oft unbegreifliche Erfolge beschieden waren. Natürlich wußte Roter Adler gut, daß seine Patienten wohl kaum zufrieden gewesen wären, hätte er ihnen jeweils nur den Krankheitsbefund mitgeteilt und die nötigen Rezepte verordnet. Die mystisch veranlagte Seele des Indianers verlangte mehr.

Da war ein Krieger – er hieß Der-viel-Büffelfleisch-ißt – unversehens krank geworden. Seine Squaw kam eilends zum Medizinmann gelaufen und bat inständig um einen Besuch. Roter Adler versprach zu kommen und zog sich sein Arztkostüm an. Es war das ein mit unzähligen absonderlichen Dingen phantastisch geschmückter Mantel aus Büffelfell. Dann setzte er sich einen Kopfschmuck, bestehend aus einer mit Bisonhörnern und Eulenschwingen gezierten Lederkappe auf und trollte sich in Begleitung seines «Assistenzarztes» davon. Sitting Bull trug die Medizintasche, einen Fellsack, in dem sich, säuberlich abgeteilt, zahlreiche Mischungen von getrockneten Kräutern, von Pulvern und Salben befanden. In gemessenem Abstande folgte er seinem Herrn und Meister. Vor dem Zelte des Kranken angekommen, machte Roter Adler erst einmal einige Zauberzeichen, um allfällige böse Geister zu verscheuchen. Nun traten die Heilkundigen ein. Auf Geheiß Wambli-lutas schickte Sitting Bull die ob dem Aufputz des Medizinmannes vor Furcht zitternden Papusen hinaus und gab der Frau Auftrag, einen Kessel mit Wasser über das Feuer zu setzen. Dann mußte auch sie das Tipi verlassen. Der etwas dickliche Der-viel-Büffelfleisch-ißt lag stöhnend auf dem Fellager und rieb sich mit beiden Händen den Bauch. Nach wenigen Fragen fand Wambli-luta heraus, daß der Kranke sich am Abend vorher an einem delikaten Büffelhöcker allzu gütlich getan, und nun unter der Last des Genossenen beinahe zu platzen drohte. Der Medizinmann mußte nicht lange überlegen, um aus seiner Tasche jenes Mittel zu ziehen, das dem Leidenden Heilung und Linderung verhieß. Indessen, es eilte ihm damit nicht sonderlich, und auch Der-viel-Büffelfleisch-ißt hätte sich kaum damit zufrieden gegeben, wenn der Suja Wakan einfach mir nichts, dir nichts eine Medizin verordnet hätte und wieder abgezogen wäre. Etwas Hokuspokus mußte her – dem Arzt bereitete es Freude, und den Patienten bestärkte es in der Gewißheit, daß sein Helfer sich auf die Kunst der Heilung verstand. Also setzten Roter Adler und Sitting Bull sich ans Lager des Kranken und begannen eine eintönige Melodie zu singen. Nach dieser Einleitung griff Wambli-luta in seine Tasche, zog eine Handvoll Kräuter heraus, schwenkte zwei-, dreimal mit Geräusch die Rassel darüber und hieß dann seinen Famulus, diese geweihte

Medizin in das kochende Wasser zu werfen. Erst jetzt richtete er das Wort an Der-viel-Büffelfleisch-ißt.
«Mein leidender Bruder hat nach Wambli-luta, dem Suja Wakan der Hunkpapa gerufen. Er mag wissen, daß ein böser Geist in seinen Leib gefahren ist und ihm starke Schmerzen verursacht. Der-viel-Büffelfleisch-ißt bleibe guten Mutes, bald wird er wieder gesund sein. Ich habe gesprochen.»
Nach dieser tröstlichen Mitteilung erhob sich Roter Adler und begann mit komischen Schritten um das Herdfeuer zu tanzen, derweil Sitting Bull kräftig die Rassel schwang. Auf dem Gesicht des Erkrankten wechselten Furcht und Hoffnung miteinander ab. Endlich beendete Wambli-luta sein Gehopse, griff nach einem hölzernen Löffel und gab dem Patienten von der brodelnden Brühe im Kessel zu trinken. Mit schrecklichen Grimassen und erbarmungswürdigem Seufzen und Stöhnen würgte Der-viel-Büffelfleisch-ißt die heiße Medizin hinunter. Kaum hatte er den letzten Schluck getan und wollte sich ermattet zurücklegen, als er plötzlich ein eigenartig drängendes Gefühl in seinen Därmen spürte. Mit einer bei seiner Leibesfülle erstaunlich schnellen Bewegung erhob sich der also Kurierte und stürmte aus dem Tipi hinaus. Sitting Bull konnte diese unerwartet rasche Wirkung des Zaubertrankes nicht begreifen. Verblüfft und fassungslos blickte er seinen Meister an. Dieser faltete gleichmütig den Fellsack zusammen und flüsterte mit schlauem Lächeln dem Schüler ins Ohr:
«Tatanka Yotanka sei unbesorgt. Der-viel-Büffelfleisch-ißt findet jetzt Erleichterung, und mein Trank wird ihn gesund machen.»

*

Kurze Zeit vor Abschluß des Studiums verlor Sitting Bull den von ihm über alles verehrten Lehrmeister für immer. Eines Abends auf dem Wege ins Medizinzelt begriffen, sank Roter Adler lautlos zusammen. Ein Herzschlag hatte dem Leben des Suja Wakan ein schnelles und unerwartetes Ende gesetzt. Sofort versammelten sich die Ältesten und Häuptlinge des Stammes am Ratsfeuer, und als der neue Tag sich mit strahlender Pracht erhob, wurde Sitting Bull zum Medizinmann der Hunkpapa ausgerufen. – Was er von Wambli-luta gelernt, sollte er dereinst zu Nutz und Frommen seines Volkes und der ganzen indianischen Sache anwenden.

Der Häuptling

Schmückt ihm sein Haupt mit den Federn der Tapferkeit!

Im jugendlichen Alter von siebzehn Jahren erhielt Sitting Bull die Würde eines Medizinmannes. Nach weiteren sechs Wintern wählte ihn der Rat der Ältesten einstimmig zum Häuptling der Hunkpapa. Die Indianer der Prärien kannten kein Erbfolgerecht. Jeder hervorragende Krieger besaß die Möglichkeit, Kriegs- oder gar Stammeshäuptling zu werden. Außerordentlich selten war es aber, daß ein Krieger, der erst dreiundzwanzig Winter gesehen hatte, bereits das ehrenvolle und verantwortungsreiche Doppelamt eines Medizinmannes und eines Stammeshäuptlings bekleidete, wie das bei Sitting Bull zutraf. Es zeugt dies für die überdurchschnittlich hohe Begabung und für die kriegerische Tapferkeit Tatanka Yotankas. Er gebot nun über ein Heer von über tausend Kriegern und war Führer eines Stammes, der mehr als dreitausend Seelen zählte.

Regengesicht, sein treuer Jugendfreund, unterordnete sich ihm nach der Wahl sofort und bedingungslos. Dem Beispiel Ite-o-Magazus folgten alle älteren und jüngeren Häuptlinge – nur ein einziger stand grollend abseits: Gall, einer der Tapfersten, aber er war herrschsüchtig und ehrgeizig. Etwas älter an Jahren als Sitting Bull, schien Gall mit seiner Wahl zum Stammeshäuptling fest gerechnet zu haben. Nur schlecht konnte der Übergangene seine Enttäuschung verbergen. Wohl unterdrückte er seinen Grimm und enthielt sich auch öffentlicher Mißfallensäußerungen gegen seinen Widersacher. Sitting Bull brachte ihm von Anfang an volles

Vertrauen entgegen, und diese freundschaftliche Haltung blieb nicht ohne Einfluß auf das verdüsterte Gemüt Galls. Mit der Zeit wurde er sogar einer der fähigsten Unterführer Tatanka Yotankas. Seine Einstellung gegenüber dem Stammeshäuptling blieb hingegen immer unklar und widerspruchsvoll. Heute noch gehen die Meinungen der Geschichtsforscher über das Verhältnis Galls zu Sitting Bull stark auseinander. Es scheint, daß Gall zeit seines Lebens von einem unüberwindlichen Neid gegen seinen erfolgreichen, ihm übergeordneten Häuptling besessen war und sich bei gewissen Gelegenheiten sowohl von roten als später auch von weißen Ränkeschmieden deswegen mißbrauchen ließ.

Auch die übergroße Mehrheit des Stammes billigte die Wahl Sitting Bulls. Mit der Zeit wurde dessen kraftvolle, breitschultrige Gestalt und sein markantes, ausdrucksvolles Gesicht mit der großen Adlernase und den hervorspringenden Backenknochen an allen Lager- und Ratsfeuern der Teton-Sioux zu einer bekannten, respektvollen und gern gesehenen Erscheinung. Schon früh erwies er sich als ein geschickter und zäher Unterhändler, einer, der für das, was er als gut und recht erachtete, zu kämpfen wußte. Seine Rede war ruhig, aber überzeugend und bezwingend. Weiße und Rote rühmten später sein Organisationstalent und seine überlegene Führung im Kriege wie im Frieden. Zweifelsohne darf er als der bedeutendste und bestimmt auch als der erfolgreichste militärische Könner bezeichnet werden, den die indianische Rasse je hervorbrachte. Freunde und Feinde schätzten rückhaltslos seinen ausgesprochenen Sinn für Gerechtigkeit, von der er nie einen Zoll abwich. Natürlich haßte er die Weißen, aber dieser Haß war gepaart mit Bewunderung für ihre technischen Leistungen und völligem Unverständnis über ihr wahres Wesen.

Furcht vor den Watschitschun kannte er nicht; im Gegenteil, wo er sich mit ihnen maß, zeigte er sich ihnen überlegen.
Das war Sitting Bull, der Häuptling der Hunkpapa, einem der volksreichsten Stämme der Dakota.

*

Im Jahre 1862 wuchs die weiße Gefahr für die östlichen Stämme der Sioux ins Riesengroße. Bereits mußten sich die Sisseton, die Yankton, die Yanktonais und Wahpeton dem übermächtigen Drucke der bleichgesichtigen Eindringlinge unterwerfen und wurden in enge Reservationen gepfercht. Einzig die Santee bildeten noch einen Wellenbrecher gegen die immer stärker vorprellenden Weißen.
Aber das kühne Wort des Häuptlings Kangi Tschikula besaß keine Gültigkeit mehr. Die Watschitschun scherten sich einen Pfifferling um die Drohungen des alten Sachems und zogen mit ihren bedeckten Wagen dort durch, wo es ihnen gerade paßte.
Als Kleine Krähe einsehen mußte, daß er allein gegen die fremde Übermacht nichts mehr ausrichten konnte, versuchte er mit den Weißen zu unterhandeln. Mag sein, daß der Häuptling von ihnen einiges Verständnis für das bedauernswerte Schicksal seines Volkes erwartete, als er, dessen Macht noch vor wenigen Jahren von respektgebietender Stärke war, sich nun aufs Bitten verlegte. Freiheit, Ruhe und Sicherheit hießen seine bescheidenen Forderungen, aber er erntete nur Hohn und Spott: «Was Freiheit? Was Ruhe und Sicherheit? Entweder fügt ihr euch und zieht in eine Reservation, oder ihr werdet von uns zertreten!» Ein

Indianeragent[1] drückte sich noch deutlicher aus: «Entweder Gras fressen oder verhungern!» Kangi Tschikula war ein weiser und tapferer Häuptling – und vor allem war er ein Indianer! Er hatte sich vor den Weißen erniedrigt, und sie hatten sogar seine Erniedrigung abgelehnt. Sie wollten keine zahmen, sie wollten tote Indianer! Aber wenn schon gestorben sein muß, mag sich Kleine Krähe gesagt haben, dann müssen möglichst viele der Watschitschun mitsterben.
«Besser im Kampfe aufrecht zu fallen, als in der Knechtschaft auf den Knien zu leben!»
Kangi Tschikula dachte noch weiter. Er wußte, daß westlich des Missouri die Teton lebten, denen er Jahrzehnte hindurch Schutz und Schild vor der weißen Gefahr bedeutete. Gab es für diese gegenüber den Santee nicht eine Dankespflicht einzulösen? Und – der Häuptling wälzte plötzlich hochfliegende Pläne – könnte es den vereinigten Stämmen des Ostens und des Westens nicht gelingen, die Weißen über den «Vater der Ströme» zurückzujagen oder ihnen sogar jenes Schicksal zu bereiten, das diese den Indianern zugedacht hatten?
In seiner Not wandte sich Kangi Tschikula an Sitting Bull. Es mag im Frühsommer 1862 gewesen sein, als der Santeeführer mit seinem Kriegshäuptling Tauasuota (Der-viel-Muschelgeld-hat) und einem weiteren stattlichen Gefolge im Dorfe Tatanka Yotankas erschien und eine Unterredung begehrte. Sitting Bull führte seine Gäste ins Ratszelt, ließ sie reichlich bewirten und gab dann Auftrag, die Ältesten, die Häuptlinge und angesehenen Krieger herbeizurufen. Bald war der große Raum des Tiotipis bis auf den

[1] Unter Indianeragent verstand man den Regierungsbeamten, der die Reservationsindianer zu betreuen hatte.

letzten Platz von erwartungsvollen Zuhörern besetzt. Nach Ablauf der üblichen Zeremonien und nach blumenreichen Begrüßungsansprachen erhob sich Kangi Tschikula.
«Brüder vom großen und mächtigen Stamme der Hunkpapa», begann er mit müder, schleppender Stimme zu sprechen, «vor euch steht Kangi Tschikula vom Stamme der Wahpekute und Häuptling der Santee. Das Große Geheimnis hat meinem Volk alles Land zwischen dem Vater der Ströme und dem Min-ni-schosch (Missouri) gegeben. Wir nennen dieses Land Min-ne-so-ta, das Land der vielen Seen, und teilen es mit unseren Bruderstämmen. Den Santee habt ihr es zu danken, Hunkpapa, wenn ihr bis jetzt in Ruhe und Frieden gelebt habt, denn sie haben euch die Watschitschun vom Halse gehalten. Aber der Weißen sind mehr als der Heuschrecken auf der Prärie. Wie die Wasser der großen Flüsse, wenn sie über die Ufer treten, überfluten sie unsere Heimat, bauen ihre steinernen Tipis, die sie Forts und Dörfer nennen, legen den Pfad des Eisernen Pferdes (Eisenbahngleise) und spannen Sprechende Drähte. Wo sie hintreten, flieht der Büffel und stirbt der Indianer. Viele Winter lang haben die Santee zurückgeschlagen, haben sich gewehrt und haben mit ihrem Blut diese Geier auch von euren Gebieten ferngehalten. Vergeßt das nicht, meine Brüder!»
«He, he!» und «Ho, ho, ho!» murmelten die Zuhörer, die mit wachsender Spannung der Rede ihres Gastes folgten. Einige hielten, als Kangi Tschikula von den Weißen berichtete, vor Schrecken und Bedauern die Hand vor den Mund.
«Trotz unserem Widerstand ist der Druck immer stärker, immer unerträglicher geworden», fuhr der Santee fort, «und bereits sind ihm einige unserer Bruderstämme erlegen. Sie haben sich den Weißen unterworfen und wurden von diesen in Gebieten gefangen gesetzt, die die Weißen

‹Reservationen› nennen. Dort leiden sie Hunger, und die Papusen sterben weg wie die Fliegen.»

«He, he, he!» Rufe des Bedauerns und des Zornes wurden laut.

«Sogar die Chachatonuan, eure und unsere Feinde, mit denen wir einen Teil des Landes in Min-ne-so-ta teilen mußten und die anfänglich den Santee gegenüber Verräterdienste leisteten, werden jetzt von den Weißen verfolgt.»

Ein Sturm der Entrüstung rauschte durch das Zelt, als der Redner die verhaßten Ojibways erwähnte. Doch Kangi Tschikula und Sitting Bull geboten Schweigen. Der Häuptling sprach weiter. Seine anfänglich so brüchige Stimme hatte merklich an Kraft und Stärke gewonnen.

«Wie der Felsblock in der vom Sturm gepeitschten See, so stehen nun die Santee allein gegen die bleichgesichtigen Landräuber und Mörder. Meine Brüder! Wir gehen einem schweren Kampf entgegen, denn wir wollen uns nicht unterdrücken lassen. Wir wollen unsere Frauen und Kinder nicht verhungern sehen. Sollten wir diesen Kampf verlieren, meine Brüder, dann werden die Watschitschun über euch herfallen. Niemand darf sagen, daß Kangi Tschikula nicht den Frieden liebt! Hört mich an, Hunkpapa: Ich wollte mit den Häuptlingen der Weißen beraten und unsere Fragen in Frieden und gegenseitigem Einvernehmen lösen. Ja, der Häuptling der Santee hat sich um des Friedens willen erniedrigt und ist in die Forts der Bleichgesichter gegangen. Aber sie haben mich ausgelacht und mich davongejagt, wie man einen Hund mit Fußtritten verscheucht!»

Kleine Krähe hatte die letzten Sätze in seinem maßlosen Leid und in seinem verzweifelten Zorn hinausgeschrien. Erfüllt von grimmiger Wut und loderndem Zorn sprangen die Hunkpapa auf, und ein neuerlicher Sturm tobte durch das Zelt. Diesmal bemühte sich Sitting Bull nicht um Ruhe.

Sein Angesicht war steinern, nur die starken Kiefer bewegten sich und verrieten seine Anteilnahme am Geschick der Santee.

«Brüder», nahm der Häuptling seine unterbrochene Rede wieder auf, «wir sind nicht gekommen, um euch um Hilfe zu bitten. Aber wir fordern die Hunkpapa auf, Seite an Seite mit den Santee zu kämpfen. Es geht um unsere und eure Heimat, um unsere und eure Weiber und Kinder und um unsere und eure Freiheit. Ich habe gesprochen!»

Erschöpft setzte sich Kangi Tschikula ans Feuer. Sofort erhob sich Sitting Bull. Seine mächtige Stimme übertönte den Lärm.

«Hören wir jetzt noch, was Tauasuota, der Kriegshäuptling, uns zu sagen hat. Dann wollen wir beraten.»

Augenblicklich legte sich das Stimmengewirr. Nun trat eine prachtvolle, fast zwei Meter hohe, über und über mit Narben bedeckte Kriegergestalt in die Mitte des Rings. Mit tiefer, grollender Stimme, die wie ferner Donner klang, begann Tauasuota zu sprechen. «Hunkpapa, vor euch steht Tauasuota, der Kriegshäuptling der Santee. Die Narben an seinem Körper stammen von den Messern und Kugeln der Mila hanska. An der Spitze seiner Krieger wird sich Tauasuota in den letzten Kampf stürzen. Der Zeitpunkt ist günstig. Nur wenige weiße Soldaten sitzen in ihren Forts, denn die Mila hanska führen unter sich selbst einen heftigen Krieg.[1] Wohl haben sie geheimnisvolle Eisen, die Feuer speien, aber diese Waffen sind nicht gefährlicher als die unsrigen. Die Santee fürchten sie nicht. Seht, ich habe hier ein solches Eisen mitgebracht.»

Tauasuota schlug seine um die Hüften gewickelte Decke zurück und hielt ein Gewehr der nordamerikanischen Bun-

[1] Gemeint war der nordamerikanische Sezessionskrieg.

destruppen in den Händen. Mit leisem Grauen musterten es die Hunkpapa. Zweifelsohne, das war böse Medizin! Nun brachte Der-viel-Muschelgeld-hat das Gewehr gegen die Zeltöffnung in Anschlag. Da war es um die Helden der Hunkpapa geschehen! Sie, die sonst furchtlos feindlicher Übermacht die Stirne boten, die in toller Kühnheit den Büffel jagten und den schrecklichen Grislybär bekämpften – sie hielten mit beiden Händen ihre Ohren zu und blinzelten mit den Augen in Erwartung des Knalles. Donnernd entlud sich die Büchse. Vor Furcht und Entsetzen schlugen die Hunkpapakrieger ihre flachen Hände auf den Mund. (Bevor das Jahr aber zu Ende war, hatte sich das geändert!)
Tauasuota lächelte. «Brüder, auch wir fürchteten uns zuerst, als wir diesen Donner hörten. Aber wir haben uns daran gewöhnt, und die geheimnisvollen Eisen gehören heute zu unseren Waffen wie Pfeil, Bogen und Tomahawk. Brüder, unser Kampf wird gut ausgehen. Die roten Krieger werden viele Coups zählen und eine Menge Skalpe erbeuten. Schließt euch uns an! Ich habe gesprochen!»
Der mächtige Kriegshäuptling setzte sich neben Kangi Tschikula. Seinen Worten folgte kein Beifallsgeschrei, aber sie hatten einen tiefen Eindruck hinterlassen. Den Hunkpapa – das war unverkennbar – imponierte der riesige Tauasuota gewaltig.
Jetzt kam Sitting Bull an die Reihe. «Brüder und tapfere Krieger aus dem Lande der vielen Seen!» wandte er sich an die Gesandtschaft der Santee. «Mit Bewunderung, Anteilnahme und Zorn haben wir euren Reden gelauscht. Unsere Ohren sind offen, und unsere Herzen schlagen für euch. Zwar haben wir mit den Weißen keinen Streit. Sie haben uns bis jetzt nichts zuleide getan. Wir glauben euch, Santee, daß ihr sie von unserer Heimat ferngehalten habt. Deshalb wollen wir euch helfen in eurem Kampf!»

Brausender Jubel brandete auf. Tomahawks wirbelten, Füße stampften die Schritte des Kriegstanzes. Aus den würdigen Häuptlingen waren blutgierige Krieger geworden. Sitting Bull hob seine Rechte. Das Geheul verstummte.
«Die Santee werden begreifen», sprach er zu Kangi Tschikula und Tauasuota, «daß wir nicht alle unsere Krieger über den Missouri senden können. Aber zehn mal zehn unserer besten jungen Leute werden die Brüder aus Minne-so-ta begleiten.»
Hier unterbrach der Häuptling kurz seine Rede. Gerne hätte er Ite-o-Magazu mit dem Befehl über diese Hilfstruppe betraut, aber dieser war jünger als Gall. Und Gall durfte er jetzt auf keinen Fall vor den Kopf stoßen, eine neuerliche Zurücksetzung dieses heißblütigen Kämpfers könnte unter Umständen Zwischenfälle hervorrufen. So überlegte der Häuptling gedankenschnell. Dann fuhr er fort:
«Häuptling Gall wird die Krieger führen, und er wird dafür sorgen, daß die Bleichgesichter vor Angst zittern, wenn sie nur den Namen Hunkpapa hören.»
Enttäuscht ließ Regengesicht den Kopf hängen. Zorn färbte sein Gesicht dunkelrot. Gall aber schnellte auf und trat neben Sitting Bull. Er überragte den Stammeshäuptling an Körpergröße. Sofort ergriff er das Wort.
«Gall wird die tapferen Krieger der Hunkpapa gegen die Mila hanska führen, und» – er schaute leichthin auf Sitting Bull – «er hofft, daß auch Kangi Tschikula und Tauasuota seinen Weisungen gehorchen.»
Mit einem Schlage wurde es gefährlich still im Tiotipi. Galls Worte bedeuteten eine ungeheuerliche Herausforderung und kamen einer schweren Beleidigung der Gäste gleich. Doch Sitting Bull rettete die bedrohliche Lage. Unverzüglich griff er ein und wies den überheblichen Redner zurecht.

«Häuptling Gall halte seine Zunge besser im Zaume. Wie will er die Hunkpapa und die Santee gegen die Mila hanska führen, wenn er vor dem Donner des geheimnisvollen Eisens erzittert?»
Die düsteren Mienen der Gesandten hellten sich wieder auf, und Ite-o-Magazu konnte ein spöttisches Lächeln nicht verkneifen. Gall schluckte diese bittere Pille der Kränkung widerspruchslos. Sitting Bull beseitigte den unangenehmen Zwischenfall mit den verbindlich gesprochenen Worten:
«Für Tatanka Yotanka ist es selbstverständlich, daß Kangi Tschikula und Tauasuota über ihre Bundesgenossen verfügen.»
Bewegt dankte Häuptling Kleine Krähe den Hunkpapa für ihre Hilfsbereitschaft, und gerne machten sie noch von dem gastfreundlichen Angebot Gebrauch, im Dorfe zu bleiben, bis die Krieger zum Auszuge bereit waren.

*

Am 20. August 1862 schlugen Kangi Tschikula und Tauasuota in Minnesota los. In Gruppen von hundert und mehr Kriegern stürmten die Sioux überraschend auf die Dörfer und befestigten Punkte und erzielten gewaltige Anfangserfolge. Das Blut der Weißen floß in Strömen. In ihrer Erbitterung verschonten die Indianer auch Frauen und Kinder nicht. Sogar die in den Reservationen lebenden Stämme griffen zu den Waffen und brachen aus. Für die Weißen ging es um Sein oder Nichtsein! In einem Gebiet, größer in seiner Ausdehnung als ganz Frankreich, tobte ein blutiger, gnadenloser Kleinkrieg. Die Indianer zerstörten die Eisenbahnanlagen und zerschnitten die Telegraphenleitungen. Keine Postkutsche, die nicht überfallen, und kein Wagenzug, der nicht auseinandergesprengt wurde. Verbrannte Wagen, verstümmelte Menschen, getötetes Vieh zeichneten den Pfad der Sioux. In seinem Zorn befahl Kangi Tschikula sogar die Niedermetzelung der Missionare, und nur die selbstlose Aufopferung christlicher Indianer ließ das Ärgste verhüten. Kriegshäuptling Tauasuota besaß übrigens eine Christin zur Frau, und diese suchte mit ihren Kindern bei Ausbruch des Aufstandes Schutz in einer Missionsstation.

Die leichten Anfangserfolge gegen die Weißen ermutigten Kleine Krähe zu größeren Taten. Mit seinen Horden attakkierte er die stark befestigten Punkte Ridgely und Neu-Ulm, wurde aber an beiden Orten mit starken Verlusten abgewiesen. Tauasuota und Gall waren erfolgreicher. Ihnen gelang die Überrumpelung von Fort Sedgwick, und sie töteten unterschiedslos alles, was weiße Hautfarbe trug.

Erst jetzt fanden die Hilfeschreie der Behörden Minnesotas in der Hauptstadt Washington Gehör. General Sibley wurde mit starker Truppenmacht in das Land der vielen Seen entsandt. Mit rücksichtsloser Härte griff der Befehlshaber der Unionstruppen durch, und es gelang ihm, die verstreuten Banden der Indianer in verschiedenen Treffen zu schlagen. Gefangene machte Sibley grundsätzlich keine, er wollte mit dem «roten Gesindel» ein für allemal gründlich aufräumen.

*

Sitting Bull erhielt Nachricht von der verzweifelten Lage seiner östlichen Brüder und übermittelte Kangi Tschikula das Angebot, mit den Resten der Santee über den Missouri in das Land der Hunkpapa zu ziehen, wo er ihnen eine neue Heimat geben wollte. Kleine Krähe lehnte für sich ab, stellte es aber seinen Kriegern frei, dem Rufe Sitting Bulls zu folgen.

«Ich bin», teilte er dem Hunkpapahäuptling mit, «im Lande der vielen Seen geboren und werde auch in diesem Lande sterben!»
In richtiger Einschätzung der Lage rief nun Sitting Bull seinen Unterführer Gall zurück und verbot ihm, gegen die Weißen noch irgendwelche Feindseligkeiten zu unternehmen. Er wußte, daß die Schicksalsstunde auch für die letzten freien Dakota geschlagen hatte und daß die Zukunft jeden einzelnen seiner Krieger forderte.
General Sibley löschte in Minnesota die Fackel des roten Aufstandes. Aber noch lebte Kangi Tschikula und verbreitete mit seinen letzten Anhängern Angst und Schrecken. Doch der weiße Tod saß ihm bereits im Nacken. Von Ort zu Ort hetzten ihn die Soldaten, ließen ihm keine Ruhe, gönnten ihm kein Atemholen. Tausende gut bewaffneter Kavalleristen setzten sich auf seiner Fährte fest und verfolgten das zusammengeschmolzene Häuflein Indianer. Nach Wochen ununterbrochenen Kesseltreibens gelang es den Soldaten endlich, den müden alten Häuptling zu stellen. Kleine Krähe fiel in diesem letzten Gefecht, und sein Leichnam wurde von den entfesselten Truppen grausam verstümmelt. Die wenigen Gefangenen erlitten in öffentlicher Schaustellung den Tod durch Erhängen. In Minnesota waren «Ruhe und Frieden» eingekehrt, es gab keine «schlechten» Indianer mehr, die für ihre angestammte rechtmäßige Heimat zu den Waffen greifen konnten.

*

Sitting Bull sah die Feuerzeichen aus dem Osten. Fieberhaft erwartete er die Rückkehr Galls. Nur widerstrebend schickte sich dieser an, den Befehlen seines Stammeshäuptlings zu gehorchen. Trotz Verlusten war seine Truppe

erheblich stärker geworden, denn einige Hundert Santee, unter ihnen auch Tauasuota, hatten sich entschlossen, auf dem westlichen Ufer des Missouri eine neue Heimat zu finden. Der-viel-Muschelgeld-hat ließ übrigens nach Abschluß der Kämpfe seinen Waffengefährten Gall wissen, daß er sich ihm von nun an unterordne. Der Hunkpapa genoß mit vollen Zügen das Hochgefühl, über eine so große Kriegsmacht zu gebieten, und es eilte ihm schon deswegen nicht sonderlich, wieder unter die Botmäßigkeit Sitting Bulls zu kommen. Zwar drängte Tauasuota unablässig, so rasch als möglich den Min-ni-schosch hinter sich zu bringen. Gall empfand die Mahnungen des Santee alsgemach lästig und beschuldigte ihn eines Tages nach einer erregten Unterredung sogar der Feigheit. Beinahe hätte diese Beleidigung noch zu einem Bruderkampfe geführt. Aber Tauasuota war der Besonnenere, und es gelang ihm, seine Krieger vor folgenschweren Handlungen zurückzuhalten. Er selbst schluckte die Anwürfe Galls wortlos hinunter und verzichtete darauf, dem Hunkpapa weitere Ratschläge zu erteilen.
An einem Abend, als die Indianer eben ihr Lager errichteten, ereilte sie das Unheil. Plötzlich tauchten auf den umliegenden Hügeln blau uniformierte Reiter auf, und nach wenigen Augenblicken waren die Krieger hoffnungslos eingekreist. Geschütze wurden aufgefahren und in Stellung gebracht, und hinter Felsen und Büschen drohten die schußbereiten Gewehre. Gall tobte wie ein Rasender und schob die ganze Schuld für diese schmähliche Überrumpelung auf Tauasuota. Er warf ihm vor, einen falschen Weg gewiesen zu haben. Natürlich widersetzte sich der Santee diesen wirklich grundlosen Behauptungen. Mitten in diese Auseinandersetzung ertönte ein schmetterndes Trompetensignal, und eine Stimme rief den Eingeschlossenen zu,

die Anführer der Indianer möchten sich waffenlos zum Häuptling der Mila hanska verfügen. Die Sioux schöpften neuen Mut. Gall und Tauasuota bestiegen ihre Pferde und ritten dem unsichtbaren Rufer entgegen. Auf der Anhöhe erwartete sie ein Captain und führte sie zu einem weißbärtigen Obersten, anscheinend dem Kommandanten der Truppe. Der Offizier musterte die beiden Häuptlinge eine Weile, bevor er sich nach ihren Absichten erkundigte. Zögernd stand Gall Rede und Antwort. Der Oberst war kein Unmensch, und nachdem er von den Häuptlingen das ehrenwörtliche Versprechen erhielt, daß sie mit ihren Kriegern unverzüglich Minnesota verlassen und jede feindselige Handlung unterlassen wollten, zog er mit seinen Soldaten wieder fort.
Häuptling Gall war in seinem Stolze aufs tiefste verletzt worden. Schwarze Gedanken stiegen in ihm auf. Ohne den Kriegern von der Vereinbarung mit dem Oberst Kenntnis zu geben, ließ er das Lager abbrechen und sofort aufsitzen. Stumm ritt die Schar durch die finstere Nacht. Als der Morgen graute, gebot Gall Halt und schickte einen Trupp junger Hunkpapa auf die Jagd. Die Krieger sprengten davon. Kurze Zeit später knallten in rascher Folge einige Schüsse. Besorgt horchte Tauasuota auf; es war doch kaum anzunehmen, daß sich Wild in solcher Nähe der Menschen herumtrieb. Seine Besorgnis steigerte sich, als die ausgesandten Jäger plötzlich mit triumphierendem Geheul zurückkehrten und in ihren Fäusten noch bluttriefende Skalpe schwangen.
Der Oberst hatte nämlich den Versprechungen der Häuptlinge nur halbwegs Glauben geschenkt und einem Sergeanten befohlen, mit drei Mann den Indianern unauffällig zu folgen. Und eben diese Patrouille, durch den Nachtritt schläfrig geworden, sah sich im Morgengrauen unversehens

den Hunkpapa gegenüber. Der Sergeant feuerte den ersten Schuß und traf daneben. Bevor er und seine Männer sich richtig wehren konnten, wurden sie von den Indianern niedergehauen. Einem Soldaten gelang es, trotz seinen Verwundungen zu fliehen, die andern fielen unter den Tomahawks und verloren ihre Kopfhäute. Gall verzichtete auf den vorgesehenen Marschhalt. Hungrig, ohne Schonung der Pferde, jagten die Roten westwärts, ihren Jagdgründen entgegen.

*

Mit gefurchter Stirne hörte Sitting Bull den Berichten Galls und Tauasuotas zu. Als ihm der Überfall auf die vier Soldaten geschildert wurde, rötete heftiger Zorn sein Angesicht und wütend fuhr er die beiden Häuptlinge an:
«Die Hunkpapa werden den Wortbruch Galls und Tauasuotas zu büßen haben. Der Häuptling der Mila hanska wird Vergeltung fordern, aber Tatanka Yotanka weigert sich, wegen einer Lüge den Kriegspfad zu betreten. Ich habe gesprochen.»
Sitting Bull hatte richtig vorausgesehen. Zwei Tage später tauchte ein starker Trupp schwerbewaffneter Soldaten auf und hielt in einiger Entfernung vom Zeltdorfe an. Ein Reiter, durch seine wildlederne Kleidung als Kundschafter erkenntlich, löste sich von der Gruppe und ritt gemächlich den Tipis entlang. Die Indianer gerieten in hellen Aufruhr. Sie ahnten das Begehren der Mila hanska und fürchteten, es könnte zum Kriege kommen. Indes, der Kundschafter kümmerte sich nicht um das Getümmel und um das Wehklagen der Frauen. Vor dem Tiotipi erwartete ihn Sitting Bull, umgeben von seinen Häuptlingen.
Artig grüßte der Weiße und frug nach dem Stammeshäupt-

ling. «Tatanka Yotanka steht vor dir», antwortete der Gesuchte. Ein scharfes gegenseitiges Mustern, dann sprach der Fremde in geläufigem Siouxdialekt der Santee: «Captain Caldon, unser Befehlshaber, bittet dich, Häuptling, um eine Besprechung unter vier Augen, und zwar in der Mitte zwischen den Mila hanska und dem Dorfe der Hunkpapa. Captain Caldon wird keine Waffen tragen.»
«Sie sei ihm gewährt», stimmte Sitting Bull zu. Der Kundschafter nickte, tippte an seine Biberfellmütze und ritt zurück. Kurze Zeit später schritten die beiden Männer, beide waffenlos, einander entgegen. In einigem Abstand folgte der Kundschafter dem Offizier, um das Gespräch zu dolmetschen. Caldon und der Häuptling trafen sich an der vereinbarten Stelle, setzten sich, und ohne weitere Formalitäten ließ der Captain dem Hunkpapa sein Begehren übersetzen. Die unpersönlich, ja gleichgültig gesprochenen Worte des Kundschafters lösten bei Sitting Bull nicht die geringste Bewegung aus. Und doch war die Botschaft des weißen Offiziers schrecklich genug, forderte er doch im Auftrage des Obersten die Auslieferung und Hinrichtung jener Krieger, die die drei Soldaten getötet und skalpiert hatten.
Als der Kundschafter seine Pflicht getan, blickte Captain Caldon mit gespannter Erwartung auf den Häuptling. Sitting Bull hatte die Augen geschlossen und schien zu Stein erstarrt. Aber in seinem Innern tobte ein wilder Aufruhr der Gefühle. Schmerz, verletzter Stolz und kochender Grimm rangen miteinander. Endlich erhob sich der Sachem mit einer seltsam müden Bewegung. Doch seine Stimme war fest, als er sprach:
«Man soll bei den Mila hanska nicht sagen können, die Häuptlinge der Hunkpapa würden mit gespaltener Zunge sprechen. Die drei Krieger werden mit dir gehen und ihre

Strafe antreten. *Einen* Wunsch gewähre mir, Captain, lasse die drei jungen Männer als Krieger sterben. Hänge sie nicht am Halse auf, denn sie büßen für die Fehler ihrer Anführer.»

Caldon versprach dem Häuptling, diesen Wunsch seinem Obersten in empfehlendem Sinne zu unterbreiten. Sitting Bull schritt zurück. Von neuem erhob sich großes Wehklagen im Dorfe. Diesmal galt es den drei Kriegern, denen jenseits des Missouri der Tod wartete.

Nach Ablauf einer halben Stunde sprengten die Schuldigen in vollem Kriegsschmuck, über dem Sattel die erbeuteten Gewehre, auf die wartenden Soldaten zu. «Wir sind gekommen», sagte der Älteste von ihnen zu Caldon. Der Captain wies den Indianern einen Platz in der formierten Kolonne an, und dann entfernten sich die Mila hanska.

*

Der Oberst zeigte Verständnis für den Wunsch Sitting Bulls. Zwar widerstrebte ihm die Hinrichtung dieser prächtigen jungen Krieger von Herzen. Aber er konnte nicht mehr zurück. Was einmal in die Wege geleitet worden war, mußte vollendet werden. Besser, man brachte die Sache rasch hinter sich, und Strafe *mußte* sein. Er befahl, die Gewehre der Sioux mit Platzpatronen zu laden und die Waffen ihren Eigentümern wieder auszuhändigen.

Mittlerweile hatte sich eine abgesessene Schwadron in zwei eng aufgeschlossene Glieder formiert. Captain Caldon befehligte das Hinrichtungspeloton. Offiziere und Männer schauten gespannt auf einen etwa dreihundert Meter entfernten niederen Hügelzug. Endlich erschienen dort, wie von Zauberhand hingestellt, die vom Licht der sinkenden Sonne überfluteten Gestalten der Sioux. Die Krieger war-

teten eine Weile, als wollten sie von diesem Land, das einst ihnen gehörte, Abschied nehmen. Mit Staunen sahen die Soldaten, wie die Indianer ihre Arme dem untergehenden Tagesgestirn entgegenhoben.
«Sie beten zu ihrem Gott», murmelte Caldon ergriffen, und auch den Soldaten, sonst wetterharten, zähen Kerlen, stieg die Rührung hoch. «Achtung, boys! Sie kommen!» rief Caldon.
In rasendem Galopp ritten die Hunkpapa von der Anhöhe herunter, dem Tod entgegen. Ihre Federhauben blähten sich im Abendwind, Schüsse knallten, und triumphierend gellte das «Hi! yip-yip-yip-yip-hi yah!» des nadowessischen Kriegsrufes. Näher und näher kamen die Tapferen. Captain Caldons Degen fuhr in die Höhe. «Zum Schuß fertig! Legt an!» Rasselnd flogen die Karabiner an die Schultern. Noch vierzig, noch dreißig – zwanzig Meter trennten die Todgeweihten von den Soldaten. Furchtlos blitzten die Augen der Sioux. Da fuhr Caldons Degenklinge schneidend herunter. «Feuer!» Krachend entluden sich die Karabiner. Ein furchtbarer Schlag warf Pferde und Reiter zu Boden. Drei junge Krieger der Hunkpapa waren in die Ewigen Jagdgründe eingegangen!

Weißer Frieden

Die öffentliche Meinung in den Grenzgemeinden hält das heimtückische Töten eines Indianers nicht für Mord, noch die schamloseste Plünderung eines solchen für Diebstahl. Ich kenne kein Beispiel, wo ein weißer Mann für das Betrügen eines Indianers verurteilt und bestraft worden ist.

General G. Crook

Der Zusammenbruch des Minnesota-Aufstandes zeitigte für die nördlich wohnenden Teton schwerwiegende Folgen. Vorüber war die schöne, sorglose Zeit des Friedens. Die siegreichen Truppen General Sibleys hatten die Grenze um Hunderte von Kilometern nach Sonnenuntergang verschoben, waren über das Plateau du Coteau gestiegen, und erst der wilde, schäumende Missouri gebot ihrem ungestümen Vordringen Halt. Wie immer in der Geschichte Nordamerikas wurde das neu besetzte Gebiet zuerst militärisch gesichert. Entlang dem Flußufer entstanden eine Reihe von Forts. Nachher strömten die Ansiedler zu Tausenden in das jungfräuliche Land, und bereits nach wenigen Jahren erinnerte nichts mehr an das einstige Dasein der Indianer. Bald staute sich die Masse der Weißen am Missouri. Immer mächtiger, immer drängender wurde der Druck von Osten her, und immer begehrlicher funkelten die Blicke in das Land der Hunkpapa hinüber.
Aber Sitting Bull blieb wachsam. Tauasuota, der Santeehäuptling, hatte nichts unversucht gelassen, um die Hunkpapa und die ihnen benachbarten Stämme vor den Watschitschun zu warnen und ihre Widerstandskraft zu stär-

ken. Tatanka Yotanka ließ den Santee gewähren. Seit der Hinrichtung der drei jungen Krieger haßte er die Bleichgesichter bis aufs Blut.
Als die ersten Weißen jenseits des Missouri auftauchten, erneuerte der Häuptling das Wort Kangi Tschikulas, wonach jeder Watschitschun Leben und Kopfhaut verlieren würde, sollte er es wagen, in das Land der Hunkpapa einzudringen. Er hatte auch die Gelegenheit wahrgenommen, um mit den Mila hanska Fühlung zu nehmen und sich von diesen versichern zu lassen, daß alles Land westwärts des Min-ni-schosch den Indianern gehörte. Allein, Sitting Bull wurde bald inne, daß «die Worte der Weißen auf Wasser geschrieben waren». Immer wieder setzten sie einzeln oder gruppenweise über den Fluß und machten Jagd auf den Büffel oder harkten den Boden auf, um nach gelbem Metall zu suchen. Die Indianer fackelten zwar nicht lange, wenn sie auf Bleichgesichter stießen. Aber auch sie hatten Verluste, und dieser blutige, zähe Kleinkrieg sorgte dafür, daß die gegenseitige haßvolle Erbitterung immer mehr nach gewaltsamer Entladung drängte.

*

Unter den Weißen, die hart am Missouri wohnten, war ein Trapper und Fährtensucher namens MacDonald, ein furchtloser, tollkühner Bursche und fanatischer Indianerhasser. Einer von denen, die ihre Flinte unbesehen auf jedes Stücklein rote Haut abfeuerten und die es nicht im geringsten kümmerte, ob ihre Opfer freundlich oder feindlich gesinnt waren. Das selbst gezimmerte rohe Blockhaus sah seinen Besitzer selten, denn MacDonald verbrachte die meiste Zeit jagend im Indianerland und pflegte nur zurückzukehren, um seine Beute zu versorgen. Längst hatten ihm die Hunkpapa blutige Rache geschworen – er scherte sich nicht darum. Eines Morgens nun, als sich MacDonald von der Lagerstatt erhob und vor die Hütte trat, sah er ein Stücklein weiß gegerbtes Leder, das zweifellos nur während der Nacht zwischen Tür und Angel geklemmt worden war.

«Teufel, wo mein Hund wieder herumstrolchen mag, daß sich sogar ein Injun[1] ungehindert dem Hause nähern kann», murmelte MacDonald mißlaunig in seinen Bart. Er ergriff das Leder und eilte gegen die Uferböschung hinunter. Nach kurzem Suchen fand er den leblosen Körper seines riesigen Wolfshundes. Nun fühlte der abgebrühte Trapper doch das kalte Grausen aufsteigen. Hastig faltete er das Leder auseinander und begann stockend zu buchstabieren.

«Du – bist – gewarnt! In – den – Jagdgründen – der – Hunkpapa – erwartet – dich – der Tod!»

Unter den unbeholfenen Schriftzügen und Bildworten gewahrte MacDonald deutlich das Zeichen eines sitzenden Büffels. Angst und Wut zugleich verzerrten die Züge des Trappers. Unverzüglich sattelte er sein Pferd, galoppierte zum nächsten Fort und ließ sich beim kommandierenden Offizier melden.

Captain Caldon empfing den sichtlich aufgeregten Ankömmling mit den Worten:

«Na, na, wo brennt's, mein Lieber? Habt Ihr etwa einen Büffel gesehen? Wäre wahrhaft eine seltene Gottesgabe bei uns.»

MacDonald warf das Leder auf den Tisch. «Da, lest, Captain! Die verfluchten, galgengesichtigen Indsmen ha-

[1] Injun hieß die damals gebräuchliche Verballhornung des Wortes Indianer.

ben mir diese Botschaft letzte Nacht in den Türspalt gesteckt, nachdem sie zuvor meinen braven Hund erstachen.»

Seine Stimme überschlug sich in jähem Zorn. «Ermorden hätten sie mich können, die Stinktiere. Aber jetzt, Captain», er packte das Leder und fuchtelte damit dem Offizier vor der Nase herum, «jetzt haben wir endlich einen Grund, das rote Gewürm zu zertreten. Jetzt werden ...»

Caldon lächelte. «Gemach, gemach, MacDonald. Erstens haben sie Euch nicht ermordet, das heißt, der Hund mußte sein Leben lassen, aber das ist noch lange kein Grund zu einem Kriege. Und zweitens habt Ihr trotz meinen strengen Befehlen wiederholt den Missouri überquert und seid in das Hunkpapaland eingedrungen. Erst kürzlich habt Ihr hier im Fort geprahlt, bereits ein volles Dutzend Rothäute in die Ewigen Jagdgründe befördert zu haben. Im Grunde genommen müßte ich Euch wegen Befehlsverweigerung und Übertretung eines Regierungsbeschlusses schon längst dem Sheriff überantworten.»

Der Offizier griff wieder nach dem Leder und prüfte es eingehend. «Wahrhaftig, Sitting Bull scheint Euch höchst persönlich besucht zu haben, MacDonald. Bei Gott! Er muß trotz seiner Wut auf Euch noch bei guter Laune gewesen sein, sonst hätte er wohl kaum gezögert, an Euch zu vergelten, was Ihr an zwölf seiner Brüder getan habt. Ihr seid gewarnt, Mann!»

Der Jäger grinste verächtlich. «Pah, was kümmert mich das, ob eine Rothaut bei guter oder bei schlechter Laune ist. Aber hier, Captain, dieses Leder gibt uns endlich Veranlassung, die Indsmen gehörig zu züchtigen.»

Captain Caldon war ernst geworden. «Fällt mir nicht im Traume ein, wegen Euch einen blutigen Krieg zu entfesseln, MacDonald. Außerdem habe ich meine Befehle. Ihr

und Euresgleichen bereitet mir mit Eurem ungesetzlichen Tun ohnehin genug Schwierigkeiten. Ich bedaure, nicht genügend Soldaten zu haben, um den Missouri besser bewachen zu können. Nehmt die Warnung Sitting Bulls nicht auf die leichte Schulter, Mann, und jetzt verbiete ich Euch ausdrücklich und gegen scharfe Strafandrohung ...»
In diesem Augenblick wurde die Türe heftig aufgestoßen. Der wachhabende Soldat trat ein, nahm Stellung an und meldete:
«Vier Indianer kommen über den Fluß gerudert, Sir. Sie halten offensichtlich Kurs auf das Fort.»
MacDonald zuckte sichtlich zusammen.
«Laßt sie herankommen und fragt sie nach ihrem Begehr», befahl der Offizier, «gebt mir sofort Nachricht.»
Dann wandte er sich an den Jäger: «Ich glaube, dieser Besuch hat mit Euch zu tun, MacDonald. Ihr bleibt jetzt auf jeden Fall da und wartet mit uns die kommenden Ereignisse ab.»

*

Die Indianer, es waren Häuptling Sitting Bull und dessen Unterführer Ite-o-Magazu, Gall und Tauasuota, landeten unter den Kanonen des Forts und zogen das Kanu ans Ufer. Alle vier trugen prachtvollen Kriegsschmuck, schienen aber ohne Feuerwaffen zu sein. Gemessenen Schrittes näherten sie sich den Palisaden, bis sie vom Posten angerufen wurden. Tauasuota trat vor, hielt – als Zeichen des Friedens – beide Hände mit den Innenflächen nach vorne und sprach in gebrochenem Englisch: «Melde, daß Tatanka Yotanka, der große Häuptling der Hunkpapa, und drei weitere Häuptlinge der Dakota mit dem Kommandanten des Forts zu sprechen wünschen.»

Inzwischen hatte Caldon seine Offiziere und den Dolmetscher in das Büro der Kommandantur gebeten. Stehend erwarteten sie die Häuptlinge. MacDonald hielt sich begreiflicherweise etwas im Hintergrund.
Auf Weisung des Captains wurde den rothäutigen Gesandten Einlaß gewährt, und der Wachthabende begleitete sie zu den Offizieren. Die Häuptlinge blieben auf der Schwelle stehen und grüßten. Durch den Mund des Dolmetschers hieß Caldon die Indianer willkommen und bat sie, auf den bereitstehenden Stühlen Platz zu nehmen. Sitting Bull zog das Kalumet aus dem Pfeifensack, und im selben Augenblick begegneten seine Augen jenen des Trappers. Gelassen steckte der Häuptling die Pfeife wieder weg.
Nachdem Offiziere und Häuptlinge sich gegenseitig vorgestellt hatten, forschte Captain Caldon nach dem Grunde des unerwarteten Besuches. Der Stammeshäuptling der Hunkpapa erhob sich und begann mit seiner tiefen, etwas kehligen Stimme zu reden.
«Zum zweitenmal steht Tatanka Yotanka dem Häuptling der Mila hanska, der sich Caldon nennt, gegenüber. Das erstemal zogen drei tapfere junge Krieger mit dir gegen Sonnenaufgang, um zu sterben. Seither blieb das Kriegsbeil zwischen den Mila hanska und den Dakota begraben. Keiner meiner roten Brüder ist über den Missouri gekommen, um von den Bleichgesichtern Skalpe zu holen oder Pferde zu stehlen. Du, Captain, wirst aber wissen, daß die Leute deiner Hautfarbe nicht Gegenrecht halten. Immer wieder kommen sie zu uns, jagen den Büffel und töten den friedlichen Indianer. Einer unserer schlimmsten Feinde steht hinter dir, Captain. Er heißt MacDonald und ist, wie ihr sagt, ein Mörder. Obwohl das Kriegsbeil in der Erde ruht, hat er sieben meiner Brüder, drei Squaws und zwei Papusen getötet. Tatanka Yotanka ist vergangene Nacht

selber über den Fluß gerudert und hat dem Manne eine Botschaft gebracht. Ich hätte MacDonald töten können. Aber ich verzichtete darauf, weil ich will, daß du Gegenrecht hältst und mir den Watschitschun auslieferst, damit die Dakota ihn bestrafen können. Ich habe gesprochen.»
Sitting Bull hatte MacDonald während der Rede keines Blickes mehr gewürdigt und schickte sich an, seinen Platz wieder einzunehmen. Da stieß der Angeschuldigte plötzlich den neben ihm stehenden Offizier zur Seite und drängte ungestüm nach vorne. Blitzschnell zog er seinen schweren Revolver, schrie mit wutbebender, überschnappender Stimme: «Da hast du für deine Frechheit, elende Rothaut!» und schlug auf Sitting Bull an. Der Bedrohte wäre verloren gewesen, hätte Caldon den Jäger nicht mit einem furchtbaren Fausthieb unter das Kinn niedergestreckt. Krachend, aber schadlos entlud sich die Waffe.
Im selben Augenblick wurde die Türe zum Büro gewalttätig aufgestoßen. Schwerbewaffnete Soldaten drängten in den Raum und richteten ihre schußbereiten Gewehre gegen die Indianer. Alles das geschah innerhalb einer Minute, und nun legte sich eisige, gefährliche Ruhe über diese Szene. Fragend, verständnislos schauten die Soldaten ihren Captain an. Dieser kaute aufgeregt an seinem Schnurrbart. Der ganze Auftritt schien ihm sichtlich unangenehm zu sein. Er schämte sich vor den Indianern, fühlte sich entlarvt und kam sich vor, wie ein auf frischer Tat ertappter Spitzbube. Die Sache verhielt sich so: Vor dem Eintreten der Sioux befahl Captain Caldon die Bereitstellung eines Alarmpiketts für den Fall, daß es mit den Indianern zu Streitigkeiten kommen sollte. Als Signal zum Eingreifen des Piketts war ein Pistolenschuß vereinbart worden. Nun hatte MacDonald diese geheime Sicherungsmaßnahme den Roten vorzeitig verraten. Kein Wunder, daß der Komman-

dant sich des peinlichen Eindruckes, den er durch sein unehrliches Spiel den Häuptlingen machte, völlig bewußt war. Zornig wies er auf den immer noch am Boden liegenden Trapper und befahl den Soldaten, den Mann sofort in Arrest zu setzen.
Sitting Bull und seine drei Gefährten hatten sich aber weder durch MacDonald noch durch die Soldaten aus ihrer gleichmütigen Ruhe bringen lassen. Unbeweglich saßen sie auf ihren Stühlen, und gerade diese unheimliche Beherrschung ihrer Gefühle war es, die den Captain seiner Überlegenheit beraubte.
Immerhin, er besaß allen Grund, sich zu ärgern. Dieser MacDonald hatte ihm da eine schöne Suppe eingebrockt und ihn in eine verteufelt mißliche Lage gebracht. Er mußte sich eingestehen, daß Sitting Bull das Bild des Trappers richtig zeichnete. MacDonald *war* ein Gesetzloser, ein Mörder, und die Gerechtigkeit verlangte seine schwerste Bestrafung. Himmel und Hölle! Daß ein Staaten-Offizier sich mit solchem Pack herumschlagen mußte. Trotzdem, den Sioux durfte man diesen Kerl nicht ausliefern. Erstens hatte er, Caldon, keine Befugnis dazu, und zweitens widerstrebte es ihm doch, einen Weißen wissentlich den schrecklichen Martern der Indianer zu überantworten. Nein, nein, das ging auf keinen Fall. Aber wie mußte er diesen Entschluß dem Häuptling begreiflich machen? Er wußte zum voraus, daß Sitting Bull keine Begründung für die Ablehnung des von ihm vorgebrachten Auslieferungsbegehrens anerkennen würde. Denn der Häuptling war im Recht!
Der Kommandant war regelrecht in Schweiß geraten, als er alle diese Überlegungen anstellte. Krampfhaft suchte er nach Worten, nach Entschuldigungen, nach Ausflüchten – und verwarf fortwährend alle wieder. Aber nun mußte er

endlich sprechen, sonst könnten die Häuptlinge zu allem andern auch noch seine Unfähigkeit, mit dieser Sache fertig zu werden, bemerken! Er räusperte sich kräftig und gab sich einen fühlbaren Ruck:

«Meine Gäste von jenseits des Missouri mögen die auch mir sehr unangenehmen Zwischenfälle von vorhin entschuldigen. Ich habe die Worte Sitting Bulls gehört und verstanden. Er hat richtig gesprochen, es gibt unter den Weißen leider einige Leute wie dieser MacDonald, die sich an keine Vereinbarungen halten. Sitting Bull mag mir glauben, daß solche Verbrechen von uns schwer bestraft werden. Hingegen verbieten mir meine Vorgesetzten, euch den Trapper auszuliefern. Ich *darf* das nicht tun! Aber ich verspreche den tapferen Häuptlingen der Sioux, daß der von ihnen angeklagte Mann schwer zu büßen haben wird.»

Tatanka Yotankas Gesicht zeigte Abscheu und Verachtung. «Der Stammeshäuptling der Hunkpapa hat bis jetzt geglaubt, in Captain Caldon einen Mann mit gerader Zunge zu sehen. Kann der Mila hanska sich erinnern, daß wir ihm drei unserer jungen Krieger ausgeliefert haben? Wir taten es, weil sie ein Versprechen gebrochen und weiße Soldaten erschlagen hatten. MacDonald aber ermordete dreimal vier Angehörige unseres Stammes aus dem Hinterhalt, obwohl wir mit den Mila hanska die Pfeife des Friedens geraucht hatten. Wer will verbieten, daß ihn die Indianer bestrafen? Oder will uns Captain Caldon mit seiner Weigerung sagen, daß für rote und weiße Menschen zweierlei Gesetze bestehen? Liegt Captain Caldon mehr an einem Mörder als an der Freundschaft mit den roten Kindern dieses Landes?»

Diese unmißverständlichen und in ihrer ungekünstelten Gerechtigkeit erschütternden Fragen zwangen den Kommandanten zu einer nicht minder klaren Antwort.

«Häuptling, du *mußt* begreifen, ich kann und darf nicht frei verfügen. Aber du darfst versichert sein, daß MacDonald von uns keine Schonung zu erwarten hat.»
Regengesicht warf ein: «Wirst du ihn töten lassen, Captain?» Lauernd, antwortheischend beugte sich der Häuptling gegen den Offizier. Caldon suchte fieberhaft nach einer überzeugenden Entgegnung.
«Nein – nein, ich glaube nicht, daß ich ihn töten lasse. Ich werde ihn aber ...»
«Unsere jungen Krieger hast du aber doch töten lassen!» Wie ein Peitschenhieb schnitt Regengesicht mit diesem Satz dem Offizier den angefangenen Satz ab.
Nun mischte sich auch Gall ins Gespräch. Lodernd vor Zorn stand er vor den Mila hanska. «Lüge! Nichts als Lüge sprechen eure gespaltenen Zungen! Für euch ist ein Indianer weniger als ein Mörder. Wir warnen euch, und wir werden den heutigen Tag nicht vergessen!»
Sitting Bull hatte seine Unterführer gewähren lassen. Jetzt aber gebot er mit einer Handbewegung Ruhe. Beherrscht, mit undurchdringlichen Zügen blickte er die Weißen an und sprach:
«Vor drei Wintern war Sitting Bull mit Rote Wolke und anderen Häuptlingen der Sioux, der Cheyenne und der Arapaho in dem Fort, das ihr Laramie nennt. Der Große weiße Vater hatte Männer geschickt, die mit uns über einen ewigen Frieden beraten sollten. Ihre Worte flossen süß wie Honig, aber es waren lauter Lügen. Statt Frieden gab es Krieg. Sitting Bull hat sich daraus ferngehalten, aber mit Freude im Herzen hat er gehört, wie Rote Wolke die Mila hanska in vielen Treffen besiegte. Der Häuptling der Hunkpapa hat von seinem Bruder Rote Wolke heftige Vorwürfe entgegennehmen müssen, weil er nicht mitkämpfte. Aber Sitting Bull fühlte sich an das Wort gebun-

den, das er seinerzeit den Mila hanska gab. Captain Caldon kann sich sicher erinnern, wie damals feierlich vereinbart wurde, das Kriegsbeil für alle Zukunft in der Erde ruhen zu lassen. Die Hunkpapa haben diesen Vertrag bis auf den heutigen Tag nie verletzt, wohl aber kamen die Bleichgesichter immer wieder in unser Land, um zu jagen und zu töten. Vor einem Jahr saß Sitting Bull neuerdings am Ratsfeuer in Fort Laramie mit den Gesandten des Großen weißen Vaters zusammen, und zum zweitenmal wurde ein ewiger Friede beschworen. Trotzdem kommen die Watschitschun, wie ich es dir schon einmal gesagt habe, in unser Land, und jetzt, da wir den Elendesten unter ihnen, einen, der zwölf Leben auf dem Gewissen hat, zur Bestrafung verlangen, wird uns diese Forderung verweigert. Wo bleibt da die Gerechtigkeit?»
Sitting Bull wandte sich, gefolgt von seinen Gefährten, zum Ausgang. Stumm, ohne Gruß, verließen sie das Büro, aber ihre Mienen verrieten Entschlossenheit und – Unheil.
Betreten sahen sich die Offiziere an. Ein junger Leutnant brach als erster die Stille: «Soll ich die Indsmen verhaften lassen, Sir?» Wütend hieb Caldon die Faust auf den Tisch. «Unsinn, Leutnant, Indianer lassen sich nicht ohne weiteres verhaften. Aber, ehem, was ich noch sagen wollte: Geben Sie Befehl, daß man diesen MacDonald laufen läßt. Ich fürchte, daß wir bald jeden weißen Kämpfer bitter nötig haben.»

*

Diese zweite Begegnung mit Captain Caldon bildete einen entscheidenden Wendepunkt im Leben Sitting Bulls. Von da an haßte er die Weißen ohne Unterschied mit jener grausamen Unerbittlichkeit, wie sie nur dem Indianer ei-

gen war, und er tat alles, um diesen Haß auf jeden einzelnen seiner Stammesbrüder und auf jeden Indianer überhaupt zu übertragen.
Einige Tage nach dem Zwischenfall im Fort ruderte MacDonald wieder über den Missouri und geriet prompt in einen Hinterhalt. Sitting Bull überantwortete den Jäger dem Martertode. Erst nach schrecklichen Qualen hauchte MacDonald sein Leben aus. Gall riß ihm die Kopfhaut herunter und schleuderte die grausige Trophäe eines Nachts, mit einem Stein beschwert, über die Palisaden des Forts. Nun wußte auch Captain Caldon, wieviel die Stunde geschlagen hatte.

*

Am 23. Januar 1870 geschah dann jene schreckliche Tat, die als das Massaker am Marias-River in die Geschichte der Vereinigten Staaten eingegangen ist und die viel zum Ausbruch des neuen Indianerkrieges beigetragen hat.
Oberst Backer, Kommandant von Fort Shaw, verfolgte eine Bande von Piegan-Schwarzfüßen, die sich angeblich einiger Pferdediebstähle schuldig gemacht hatten. Mannshoch lag der Schnee, und klirrende Kälte hielt das Land mit froststarren Klammern gefangen. Die Verfolger waren rasch müde geworden, und Oberst Backer mußte voller Wut zugeben, daß die Indianer nicht mehr eingeholt werden konnten. Zähneknirschend befahl er den Rückzug. Unterwegs wurde die Truppe zu allem Überfluß noch von einem Schneesturm überrascht und verirrte sich hoffnungslos. Endlich, als die Soldaten beinahe zu Tode erschöpft waren, stießen sie am Marias-River auf ein Dorf friedlicher Schwarzfuß-Sioux. Zum Zeichen ihrer guten Gesinnung flatterte über den Tipis das Sternenbanner. Häuptling Bä-

renkopf, ein bejahrter Mann, hieß Backer und seine Truppe freundlich willkommen und ließ gewaltige Feuer entfachen, damit sich die durchfrorenen Soldaten wärmen konnten. Dann eilte er in sein Zelt und holte ein «Sprechendes Papier» (Schreiben), das er dem Obersten voller Stolz überreichte. Es war ein Dokument, auf dem ein Offizier dem Häuptling und seinem Stamme unterschriftlich Schutz und Sicherheit gewährleistete. Bärenkopf erzählte dem Obersten, daß er vor zwei Tagen alle seine Krieger auf die Jagd geschickt habe, weil die Nahrungsmittel langsam zur Neige gingen. Trotzdem und aus Freundschaft zu den Soldaten habe er den Frauen aufgetragen, die uniformierten Gäste zu verköstigen. Derweil der alte Häuptling redselig auf den Offizier einsprach – er fühlte sich ja sooo geschmeichelt, sich mit einem Mila hanska von hohem Rang unterhalten zu können –, reifte in der Brust Backers ein Plan von abgrundtiefer Verworfenheit. Mit herablassender Freundlichkeit erkundigte er sich beiläufig, wann die Krieger zurückerwartet würden. Der Alte zuckte die Achseln – vielleicht in ein oder zwei Tagen. Nun ließ sich Backer noch genau den Weg nach Fort Shaw erklären. Alsdann befahl er dem Trompeter zum Sammeln zu blasen und hielt den Soldaten ungefähr folgende Rede:
«Die verfluchten Piegans sind uns durch die Lappen gegangen, und wir haben uns wegen dieser Räuber beinahe den Tod geholt. Dreckige Indianer bleiben dreckige Indianer, ob sie nun ein Sternenbanner gehißt haben, wie diese Bande hier, oder ob sie Pferde stehlen. Habe die Meinung, boys, daß wir uns an diesen Bettlern für die entflohenen Diebe schadlos halten. Dürfte ein lustiges Fest werden. Das Dorf zählt vierhundert Weiber und Kinder, und ihr Häuptling, der alte Heuchler, hat mir verraten, daß die Krieger erst in ein oder zwei Tagen zurückerwartet wür-

den. Schlage also vor, daß wir die Zelte anzünden – dürfte ein warmes Feuerlein geben – und die ganze Bande ausrotten. Auf diese Weise vollbringen wir ein gottgefälliges Werk, wenn wir die gute amerikanische Erde um die rotgesichtigen Heiden erleichtern. Also los und macht kurzen Prozeß mit dem Ungeziefer!»
Die Soldaten johlten vor Begeisterung. Wärme und Whisky hatten ihnen die alte Energie wieder zurückgegeben. Der Häuptling und die Squaws jubelten mit, denn sie deuteten die Rede Backers in ihrer Einfalt als Worte der Dankbarkeit für die gern gewährte Gastfreundschaft.
Eine knappe Stunde später war das Mordwerk beendet. Leichen und Zelte wurden zu einem riesigen Haufen zusammengetragen und angezündet. Dann kehrte die Truppe, stolz über den leicht gewonnenen «Sieg», auf dem von Häuptling Bärenkopf gewiesenen Wege ins Fort zurück.
Ein einziger Wutschrei stieg in die Luft, als die beutebeladenen Jäger zurückkehrten und auf die grausigen Überreste ihres Dorfes und ihrer Lieben stießen. Die zweihundert Mann setzten sich sofort wieder in Marsch. Ohne Ruhe und ohne Rast eilten sie geradenwegs in das Dorf Sitting Bulls. Ihre Herzen waren schwarz vor bitterer Rache gegen die Mila hanska. Der Anführer erklärte dem Hunkpapahäuptling: «Wir Schwarzfuß-Sioux glaubten, in Frieden mit den Weißen leben zu können. Unsere Weiber haben ihre Soldaten vom Tode errettet und mußten dafür ihr Leben lassen. Wir sind die einzigen Überlebenden. Nimm uns auf! Wir wollen nichts mehr als Rache. Laß uns zuvorderst kämpfen, wenn es gegen die Mila hanska geht!»
Sitting Bull nickte zustimmend.

Gold in den Black Hills

Hört, liebe Freunde, meinen ehrlichen Rat:
Schwierig ist der Black Hills goldstaubiger Pfad.

Aus einem zeitgenössischen Lied

Wieder waren zwei Winter ins Land gegangen. In dieser Zeit hatten sich die nachbarlichen Beziehungen zwischen Indianern und Weißen zusehends verschlechtert. Alsgemach erkannte auch die letzte Rothaut, daß der Friede von Laramie, der 1868 feierlich unterzeichnet worden war, keine Gültigkeit mehr besaß. Die Weißen kümmerten sich einen Deut um Vertrag und Abmachung. Was sie wollten, war Land, und zwar Indianerland! Um ihren Willen durchzusetzen, schienen die verwerflichsten Mittel eben recht zu sein. Ein gefährliches Feuer schwelte an der Indianergrenze und nahm immer bedrohlichere Ausmaße an.
Allerdings, Sitting Bull war auf der Hut! Wo das Bleichgesicht zu frech und zu anmaßend auftrat, bekam es die Schärfe der Streitaxt zu spüren. Der Häuptling legte die Abmachungen von Fort Laramie wörtlich aus. Wurde ein Weißer in den Jagdgründen der Hunkpapa erwischt, so rettete ihn keine Entschuldigung und kein Gebet vor den ausgesuchten Qualen, die bei den Sioux für solche Rechtsbrecher üblich waren. Ite-o-Magazu und Gall führten den Befehl über die indianische Grenzwacht. Wo die beiden furchtbaren Häuptlinge mit ihren Kriegern auftauchten, trachteten weiße Eindringlinge so rasch als möglich einige Dutzend Meilen zwischen sich und die Indianer zu legen. Das war ein Leben nach dem Sinne dieser wilden Kriegshäuptlinge! Hei, wie die Bleichgesichter rannten und wie

sich die begehrten Skalpe an den Gürteln der Hunkpapa reihten. Ho, ho, gute Medizin!
Die Weißen bezahlten ihre Vertragsbrüche mit Blut, aber sie ließen nicht locker. Für einen Erschlagenen tauchten zehn andere auf. Weiß Gott, es waren mutige, unerschrokkene Kerle, die den Sioux die Stirne boten. Sie wußten um die Gefahren an Leib und Leben, die ihnen westwärts des Missouri drohten, aber niemand hätte sie hindern können, ihnen zu trotzen. Und hinter diesen kühnen Pionieren brodelte ungeduldig die aufgestaute weiße Springflut, bereit, auf den ersten Wink über die noch unerschlossenen Gebiete herzufallen.
Gold! Gold!
Das war der sinnverwirrende, geiergierige Alarmruf im Jahre 1872. In den Black Hills, in den Schwarzen Bergen, mitten im Herzen des Indianerlandes, sollen unermeßliche Goldvorkommen entdeckt worden sein. Taumel erfaßte die Grenzbevölkerung. Was irgendwie auf zwei Beinen gehen konnte, griff nach Spitzhacke und Waschpfanne und zog gen Westen, um das gleißende Metall, das große Glück zu suchen. Wie eine Seuche packte das Goldfieber den weißen Mann. Farmen und Felder verödeten. Siedlungen und Dörfer entvölkerten sich von einem Tag auf den andern. Der Telegraphist verließ seinen Posten mitten in der Arbeit. Der Lokomotivführer drosselte seine Maschine, schwang sich vom Führerstand und verschwand. Gold! Gold in den Black Hills. Ein Rausch, ähnlich dem Goldrush in Kalifornien, Jahrzehnte vorher, schüttelte den Mittleren Westen.
Die Regierung in Washington und die Truppenkommandanten an der Grenze sahen sich deswegen in arge Nöte versetzt. Noch galt der Vertrag von Laramie. Noch hatte man keinen Vorwand gefunden, um die letzten freien

Indianer endgültig zu «liquidieren». All devils, dieser Goldrun kam denkbar ungelegen! Mahnungen, Hinweise auf die Gültigkeit des Friedensvertrages, ja sogar Drohungen fruchteten nichts. Die entfesselte Meute ließ sich nicht mehr halten. Indianer? Pshaw, mit dem rothäutigen Gesindel würde man schon fertig werden. Vertrag? Unsinn! Mit heidnischen, des Lesens und Schreibens unkundigen Wilden kann man überhaupt keine Verträge abschließen. Drohungen mit bewaffneter Macht? Die Goldhungrigen schüttelten sich vor Lachen. Hatten doch die Grenzoffiziere alle Hände voll zu tun, um die eigenen Truppen bei der Stange zu halten. Tag für Tag desertierten Soldaten, um in den Black Hills ihr Glück zu suchen.

Immer dringender wurden die Hilferufe der Generäle und Fortkommandanten. Ihre Kräfte reichten nicht mehr aus, um die beutehungrige Masse am gewaltsamen Eindringen in das Indianerland zu hindern.

In Washington überlegten die Regierenden hin und her. Beschlüsse wurden gefaßt und am andern Tag wieder verworfen. Das Goldfieber vereitelte alle ihre Pläne. Schon seit geraumer Zeit hatte man sich nämlich in Washington mit dem Gedanken getragen, den Vertrag von Laramie aufzukündigen. Die Indianer sollten vor die brutale Entscheidung gestellt werden: Unterwerfung oder Vernichtung! Aber das Beispiel des Minnesota-Aufstandes bewies deutlich, daß eine solche Gewaltpolitik nur von einer genügend starken Armee gestützt werden konnte, wollte man damit zum Ziele kommen. Und eben diese Armee war zur Zeit noch nicht verfügbar. Zudem stand bald der Winter vor der Tür – die Regierung mußte eine harte Nuß knacken!

Endlich, nach langen Beratungen und unter dem immer stärker werdenden Druck der Goldsucher, fällte man in Washington wieder eine der berüchtigten «salomonischen

Entscheidungen», deren Auswirkungen sich für Rote und Weiße gleichermaßen verheerend erwiesen. Die Regierung ließ verlauten, daß der Vertrag von Laramie, der die Unverletzlichkeit des Indianergebietes garantierte, nach wie vor zu respektieren sei. Diese beruhigende Verlautbarung tat man den Roten kund. Sie sollten angesichts der ihnen drohenden ungeheuerlichen Gefahr ihren Glauben in das «Sprechende Papier» nicht verlieren. Den eigenen Landsleuten aber, die sich an der Grenze drängten und ob der «indianerfreundlichen» Regierung das Blaue vom Himmel herunter fluchten, gab man zu verstehen, daß die Obrigkeit keinem amerikanischen Staatsbürger das Recht vorenthalten wolle, mit Spitzhacke und Schaufel zu Reichtum und Ansehen zu kommen. Immerhin habe man aber die Befugnisse für eine Entscheidung an Ort und Stelle den jeweiligen Truppenkommandanten übertragen. Für die Goldsucher war diese zweideutige Erklärung weder Fisch noch Vogel. Hingegen wurde die verklausulierte, mit juristischer Spitzfindigkeit abgefaßte Erklärung durch eine Botschaft an die Generäle verständlicher. Die Offiziere wurden nämlich angewiesen, die Auswanderer auf die Gültigkeit des Indianervertrages und auf die ihnen drohenden Gefahren bei einer Vertragsverletzung aufmerksam zu machen. Sollten die Goldsucher aber trotzdem auf ihrem Zuge nach den Black Hills bestehen, so sei ihnen zum Schutze gegen Indianerüberfälle eine angemessene Truppenbedeckung mitzugeben. So ungefähr lautete der Bescheid aus Washington an die Generäle, und man kann sich lebhaft vorstellen, daß diese Haudegen ob solchen Worten nicht gerade entzückt waren. Desto mehr jubelten hingegen die Goldsucher. Der Tragödie zweiter Akt hatte begonnen.

*

Scharenweise wälzten sich die bleichgesichtigen Horden den Black Hills entgegen. Wo sich ihnen ein Stücklein rote Haut zeigte, wurde ohne Federlesens geschossen und meistens getroffen. Innerhalb weniger Wochen mußten auch Hunderte und Aberhunderte von Büffeln ihr Leben lassen, um die Eindringlinge zu ernähren. Besonders tat sich bei dieser Büffelschlächterei der berühmte Jäger und Kundschafter William Cody, genannt Buffalo Bill, hervor. Er hat sich später gebrüstet, während dieser Zeit mit seiner nie fehlenden Büchse «Lucrezia Borgia» innerhalb einer Stunde mehr Tiere erlegt zu haben, als ein tüchtiger indianischer Jäger in einem Tage zur Strecke bringen konnte!
Nun hallten die Schluchten und Felsenwände der Black Hills wider vom Lärm der Hacken und Schaufeln. Die Erde wurde aufgerissen, Bäume wurden gefällt, Blockhütten gebaut. Bald mischte sich das Arbeitsgeräusch mit dem Gejohle Betrunkener, dem Gekicher lockerer Dirnen und dem Scheppern der Spielmarken. Den Spuren der Goldgräber folgten die Falschspieler, die Schnapswirte und die Händler. Janhagel und Abschaum der weißen Rasse machten sich breit im Indianerland. Wakan tanka verhüllte sein Haupt und schien den roten Kindern zu zürnen. Von wem konnten die Indianer noch Recht und Hilfe erwarten?
Rote Wolke, der berühmte Häuptling der Oglala, hatte sich grollend, aber unwiderruflich zurückgezogen. Gefleckter Schweif, Häuptling der Brulés, machte gemeinsame Sache mit den Mila hanska. Wildes Pferd, der Nachfolger Rote Wolkes, jagte mit seinen Kriegern irgendwo in den Big Horn Mountains. Merkten die Teton nichts von den drohenden Gewitterwolken, die sich über ihren Köpfen zusammenballten? Ließen sie es ruhig geschehen, daß die Watschitschun von den Black Hills kampflos Besitz nahmen? Wo blieb Sitting Bull? Wo Regengesicht und Gall?

Die Black Hills lagen nicht im eigentlichen Land der Hunkpapa. Das Volk Sitting Bulls hatte seine Tipis droben in den weiten Prärien des nördlichen Montana aufgeschlagen, und die übrigen Stämme der Teton, auch die Cheyenne und Arapaho, wohnten westlich der Schwarzen Berge in den Big Horn Mountains. Sie alle betrachteten die Black Hills als ihr gemeinsames, geheiligtes Eigentum. Lag doch in diesem, nun von den Weißen überfluteten Gebiet der berühmte «Keller der Winde» verborgen, aus dem Wakan tanka vor urdenklichen Zeiten die Büffel in die Jagdgründe der Sioux entsandte.
Sitting Bull erhielt die Schreckensnachricht von der Vertragsverletzung durch die Weißen erst, als diese bereits in zahlreichen Schwärmen in den Black Hills herumgeisterten. Der Häuptling verlor keine Zeit. Gall und Regengesicht ritten mit ihren kampfbegierigen Kriegern unverzüglich nach Mittag, dem Feinde entgegen. Wie zornige Hornissen stießen die maßlos erbitterten Sioux auf die sorglos gewordenen Weißen herab, töteten und skalpierten, was ihnen unter Messer und Tomahawk geriet. Das Gelände begünstigte ihre Kriegführung. Schon nach kurzer Zeit hatten die Bleichgesichter große Verluste zu verzeichnen, und das Goldfieber kühlte sich merklich ab. Am heftigsten bekamen die Begleittruppen die Wut der ergrimmten roten Krieger zu spüren. Daß die Blauröcke mit den Landräubern gemeinsame Sache machten, erfüllte ihre Herzen mit loderndem Zorn und unersättlicher Rachegier. Hatten doch die weißen Friedensunterhändler den Indianern immer wieder versichert, die Armee sei Schutz und Schild des abgeschlossenen Vertrages und habe dafür zu sorgen, daß er von den übrigen Bleichgesichtern respektiert werde!

*

Captain Caldon war einer der ersten, der den Verrat seiner Regierung mit dem Leben bezahlte. Das Schicksal erreichte ihn und die ihm unterstellte Truppe im Morgengrauen. Ite-o-Magazu und seine Bande hatten das Lager noch in der Nacht lautlos umzingelt. Zweimal schrie klagend die Eule. Dunkle Gestalten flitzten durch den feuchten Nebel, und ohne Laut sanken die fröstelnden, ermüdeten Schildwachen zu Boden. Wieder ließ sich das unheimliche «U-hu-hu---u!» hören, und jetzt tauchten rings um die Zelte herum die Indianer auf. Ehe die so grausam aus dem bleiernen Schlafe geweckten Soldaten recht wußten, was die Störung bedeuten sollte, waren die Hunkpapa schon mitten unter ihnen. Rasch und geräuschlos verrichteten Messer und Schlachtbeil ihr blutiges Werk.
Tim Calloway, der Stabstrompeter, ein stets von Magenschmerzen geplagter Mann, der auch des Nachts keine Ruhe fand, kam zufällig aus seinem Zelt gekrochen, als die Indianer zum Angriff ansetzten. Zitternd vor jähem Schreck und kalter Todesangst, aber trotzdem pflichtbewußt und getreu seiner Aufgabe setzte er die Trompete an die Lippen. Mehr als einen kläglich miauenden Ton brachte er nicht mehr heraus. Wuchtig sauste Regengesichts Schädelbrecher in den Nacken des Unglücklichen und setzte seinem gequälten Erdendasein ein rasches Ende. Captain Caldon, in unruhigem Halbschlaf sich wälzend, vernahm den ersterbenden Seufzer der Trompete. Im Nu war er hellwach und wußte sofort, daß es um Tod oder Leben ging. Laut gellte sein Ruf: «Zu den Waffen! Indianer! Indianer!»
Zu spät. Das kleine Häuflein noch lebender Soldaten, das den Schrei des Captains vernahm, konnte das unabwendbare Schicksal nicht mehr wenden. Caldon gelang es, nur notdürftig bekleidet, das Freie zu gewinnen. Bevor er

einige wenige Schritte getan hatte, erschien vor ihm, wie aus dem Boden gewachsen, die riesige Gestalt Ite-o-Magazus. Ein kurzes, scharfes Zischen, und von einem gut gezielten Pfeil mitten ins Herz getroffen, fiel Caldon rücklings zu Boden.

*

Ihre rücksichtslose Habgier wurde ihnen zum Fluche. Statt Gold zu schürfen, mußten Spitzhacke und Schaufel den Weißen zum Gräberausheben dienen. Statt Reichtum und Glück lauerten Tod und Verderben hinter Gebüsch und Felsen. Die Goldsucher waren alles andere als feige Memmen. Aber in den Black Hills triumphierte indianische Kriegskunst auch über moderne Feuerwaffen. So groß waren die Verluste der Bleichgesichter, daß die Sioux sich kaum mehr die Mühe nahmen, ihre Opfer zu skalpieren. Die einst so begehrte Trophäe sank in ihrem Werte.

Zusehends wurde es wieder stiller in den Schwarzen Bergen. Auf den Gipfeln und Höhenzügen lag bereits der erste Schnee. Enttäuscht und entmutigt flohen die Goldsucher vor dem Winter und vor den Indianern. Fort, nur fort aus diesen unheimlichen Tälern und Schluchten! Verraucht und verflogen der kurze Rausch. Ärmer als zuvor schätzten sie sich glücklich, das Ostufer des Missouri heil und mit ganzer Kopfhaut zu erreichen!

Nachhut der Flüchtenden waren die Soldaten, immer umschwärmt von den tollkühnen nachstoßenden Sioux. Schweren Blutzoll entrichteten die Mila hanska für den «weisen» Beschluß ihrer Regierung. Unter anderen ritt auch eine Schwadron des berühmten 7. US-Kavallerie-Regiments, befehligt von Captain Tom Custer, einem Bruder des Generals und Regimentskommandanten George Arm-

strong Custer, dem Missouri entgegen. Seit Tagen waren die erschöpften Reiter nicht mehr aus ihren Stiefeln gekommen, Regengesicht und Gall ließen ihnen keine Ruhe. Den Häuptlingen lag zwar weniger an den Skalpen der Soldaten als an ihren Pferden. Möglich, daß Captain Custer die Absicht des Feindes ahnte, jedenfalls war er nicht so leicht zu überlisten.
Wieder einmal hatte sich die Schwadron zum Nachtlager formiert. Die Pferde waren in einen kleinen Talkessel getrieben worden und rupften das spärliche Gras aus dem steinigen Boden. Tom Custer wußte gut, daß die bevorstehende Nacht den Indianern zum letztenmal Gelegenheit bot, einen Überfall zu wagen. Er traf alle Maßnahmen, um den Roten gegebenenfalls einen heißen Empfang zu bereiten. Unter Androhung schwerster Strafen befahl er den Soldaten scharfe Wachsamkeit. Murrend und fluchend fügten sich die Männer. Besser eine schlaflose Nacht als überhaupt nicht mehr aufzuwachen!
Regengesicht und Gall hatten die Vorbereitungen zum Nachtlager genau beobachtet. Auch nach Einbruch der Dunkelheit verließen die Häuptlinge ihren Standort nicht. Dauernd spähten sie zu den Mila hanska hinüber. Diese waren gerade damit beschäftigt, riesige Wachtfeuer anzuzünden. Mißmutig schüttelte Ite-o-Magazu den Kopf.
«Die weißen Hunde fürchten die Nacht und suchen mit ihren Feuern die Helle des Tages herbeizuzaubern. Mein Bruder Gall kennt den Plan. Heute nacht müssen und werden wir die Pferde der Mila hanska stehlen, auch wenn doppelt so viele Feuer brennen sollten.»
Gall knurrte zustimmend.
Ununterbrochen kontrollierte Captain Custer die Wachen, ermunterte die Leute zum Ausharren und versprach ihnen, sie anderntags den fehlenden Schlaf nachholen zu lassen.

Er war begleitet von seinem Neffen, Leutnant Autie Reed, einem lebenslustigen jungen Offizier, der auf dem Zuge nach den Black Hills erstmals mit den Indianern Bekanntschaft gemacht hatte. Gelangweilt schritt er zur Linken seines Vorgesetzten die Runden ab. Leutnant Reed wußte sich die übertriebene Vorsicht des Captains nicht zu erklären. Hatte Tom nicht selber berichtet, daß Indianer nur selten nachts angreifen? Warum nicht *jetzt* schlafen, um dann in der Morgenfrühe, wenn wirklich Gefahr drohte, gerüstet zu sein?
Dem Älteren entgingen die Gedankengänge des Leutnants nicht.
«Du siehst wohl das Ganze als Unsinn an, nicht wahr, Autie?» wandte sich Tom an seinen Neffen. «Glaube mir aber, ich kenne diese verdammten Sioux immerhin so gut, um zu wissen, daß sie in der Regel gerade das unternehmen, woran du am wenigsten denkst. Es gibt bei diesen Kerlen keine festen Grundsätze der Kriegführung wie bei uns, Gott sei's geklagt. Ich will geteert und gefedert werden, wenn wir diese Nacht ungeschoren hinter uns bringen.»
Leutnant Reed lag schon eine boshafte Entgegnung auf der Zunge. Aber er kam nicht mehr dazu, sie auszusprechen, denn plötzlich gab es bei den Pferdewachen lautes Geschrei. Die Offiziere hasteten dem Lärm entgegen.
«Nicht Alarm schlagen!» gebot Custer dem Leutnant.

*

Etwa um Mitternacht trennten sich die Häuptlinge der Hunkpapa. Regengesicht kroch gegen den Talkessel, wo sich die Pferde aufhielten. Er beabsichtigte, sich möglichst nahe an die Herde zu schleichen und die Tiere in Panik zu versetzen. Ite-o-Magazu wußte, daß eine verängstigte Pferdeherde alle Hindernisse überrennen und aus dem Kessel ausbrechen würde. In diesem Augenblick sollte Gall mit seinen Kriegern – so war es vereinbart worden – über die verwirrten Soldaten herfallen. Der Plan war mit echt indianischer Klugheit eingefädelt und scheiterte an der Tölpelhaftigkeit einer Schildwache. Mit unendlicher Vorsicht arbeitete sich der Häuptling dem Taleingang entgegen. Weniger als zehn Schritte trennten ihn noch von den Pferden, da hörte er eine patrouillierende Wache näherkommen. Der Soldat schien darauf bedacht zu sein, so schnell als möglich aus der unheimlichen Finsternis wieder in die wärmende Helle des Wachtfeuers zu kommen. Wohl deshalb achtete er nicht sonderlich des Weges. Plötzlich stolperte er über einen Felsbrocken und stürzte schwer zu Boden. Wer vermag aber das namenlose Entsetzen des Burschen zu schildern, als seine herumschlingernden, haltsuchenden Arme an etwas Weiches gerieten, als seine Hände sich in wildlederne Kleidung verkrallten und er inne wurde, daß er an einen leibhaftigen Indianer geraten war!

Dieser aber – natürlich handelte es sich um Häuptling Ite-o-Magazu! – setzte sich sofort wütend zur Wehr. Dem weißen Pechvogel blieb nichts anderes übrig, als Zeter und Mordio zu schreien. Sofort eilten die Wachen herbei; sie kamen keine Sekunde zu früh! Schon lag ihr Kamerad, hilflos nach Atem japsend, unter dem riesigen Indianer. Wohl versuchte der Wilde, sich mit einem Panthersprung aus der für ihn gefährlich gewordenen Lage zu retten. Vergeblich, ein wuchtig geführter Kolbenschlag streckte den Sioux nieder.

Eben in diesem Augenblick trafen Captain Custer und Leutnant Reed auf dem Schauplatz des Geschehens ein.

«Bindet den Kerl, so lange er seiner Sinne beraubt ist», ordnete der Kommandant an, «und du, Autie, eilst sofort ins Lager. Lasse die Züge gefechtsbereit machen. Aber rasch, der Tanz kann jeden Moment losgehen!»
Wider Erwarten blieb alles ruhig, und die Nacht ging ohne Kampf und Kriegsgeschrei vorüber. Mit dem anbrechenden Tag ließ Captain Custer das Lager abbrechen und die Schwadron zum Abmarsch ordnen. Dann begab er sich zum Train, wo der Gefangene von einer Gruppe schwerbewaffneter Soldaten scharf bewacht wurde. Ite-o-Magazus Bewußtsein war wieder zurückgekehrt. Zwar brummte sein Schädel noch gehörig, aber die schwarzen Augen blitzten den höhnisch lächelnden Offizier furchtlos und zornig an. Federschmuck und Gesichtsbemalung verrieten Custer, daß er es mit einem Häuptling zu tun hatte.
«Stellt den Burschen auf die Füße», gebot er den Leuten, «aber nicht zu zimperlich. Schätze, wir haben da einen guten Fang gemacht.»
Mit Vergnügen willfahrten die Soldaten dem Befehl ihres Kommandanten. Sie knauserten nicht mit Schimpfworten, Schlägen und Püffen. Hätte aber der eine oder andere sich die Mühe genommen, dem wehrlosen Gefangenen in die Augen zu sehen, wäre ihm das gefährliche Funkeln vielleicht eine Warnung gewesen. Doch die Rauhbeine kümmerten sich nicht um solche Sachen. Grob stießen sie den Sioux in die Seite, traten ihn an die Schienbeine und zerrten an seinen langen, mit Otternschwänzen durchflochtenen Haarzöpfen.
Custer sah dem rohen Treiben schmunzelnd zu. «Gebt es dem Kerl nur tüchtig! Hat es hundertfach verdient!»
Da bäumte sich der mißhandelte Indianer plötzlich auf, schleuderte mit einer einzigen Bewegung seines mächtigen Körpers die feigen Quälgeister zur Seite und rief mit tiefer,

kehliger Stimme und in gebrochenem Englisch dem Offizier zu:
«Mila hanska feige Hunde. Häuptling Ite-o-Magazu verachtet euch und spottet seiner Schmerzen!»
Mit verdoppelter Wut warfen sich die Soldaten auf den Wehrlosen. Aber nun schritt Custer ein.
«Stop, boys! Jetzt habe ich mit dem Herrn noch ein Wörtchen zu reden!» Er hob bedächtig die Reitpeitsche und ließ sie zweimal mit aller Wucht auf das Gesicht des Häuptlings niedersausen. Tiefrot zogen sich die Striemen über Stirne und Wangen des Gezüchtigten. Der Captain trat einen Schritt zurück.
«Merke gut, Rothaut, diese Hiebe gab dir Captain Tom Custer für deine frechen Beleidigungen!»
Ohne Wimperzucken hatte Regengesicht die Schläge empfangen. Einzig seine aufgesprungenen und angeschwollenen Lippen bewegten sich, doch im johlenden Beifallsgeschrei der Soldaten blieben die in Sioux gesprochenen Worte des Gefangenen nur dem herbeigeeilten Kundschafter California Joe verständlich. Dieser erfahrene Westmann forderte den Offizier auf, den Indianer unverzüglich in Ruhe zu lassen. Zögernd willfahrte Custer. California Joe nahm den Kommandanten zur Seite. Erregt sprach er auf ihn ein.
«Kalkuliere, daß Ihr eine riesengroße Dummheit gemacht habt, Captain. Euer Bruder wird Euch kaum Dank wissen dafür. Habt wohl keine Ahnung, wer der Gefangene ist, he?»
«Nein, interessiert mich auch nicht. Und übrigens, was erlaubt ...»
«Haha, interessiert Euch gar nicht, Sir. Dürfte Euch aber interessieren, kalkuliere ich. Ist nämlich der Häuptling Regengesicht, den Ihr da geprügelt habt! Einer der Mäch-

tigsten und Einflußreichsten im Stamme der Hunkpapa.»
Der weit herum berühmte California Joe, erster Kundschafter und Ratgeber des Generals Custer, durfte es sich schon erlauben, einem Offizier in die Rede zu fallen. Wütend schüttelte er seine langen Locken, schob den breitkrempigen Hut in den Nacken und fuhr fort:
«Habt wohl auch nicht gehört, was Regengesicht Euch zugeflüstert hat, nachdem Ihr ihn mit der Reitpeitsche gekitzelt habt, was? Nein! Also paßt auf, Sir: Der Indianer versprach, Euch das Herz aus dem Leibe zu reißen! Nette Aussichten, nicht wahr!»
Custer wurde bleich und lachte verkniffen.
«Pshaw, diese Bestie wird kaum dazu kommen, ihr Versprechen wahr zu machen. In Fort Lincoln wartet ein solider Strick!»

*

Ungeschoren erreichte die Schwadron das Fort. Regengesicht wurde in das Gefängnis geworfen und gut bewacht. Häuptling Gall und seine Krieger waren nach der Gefangennahme Ite-o-Magazus schnell nach dem Dorfe Sitting Bulls geeilt und unterrichteten den Stammeshäuptling von dem Geschehnis.
Entgegen den Erwartungen California Joes billigte der General die Handlungsweise seines Bruders dem gefangenen Häuptling gegenüber. Er schickte dem Oberbefehlshaber der Grenztruppen, General Sheridan, Nachricht und bat gleichzeitig um die Erlaubnis, den Häuptling wegen Mordes mit dem Tode zu bestrafen.
Die Antwort des Oberbefehlshabers ließ auf sich warten. Eines Morgens – es hatte zu schneien begonnen – als Leutnant Smith, der wachthabende Offizier, seine Runde

machte, gewahrte er zu seiner grenzenlosen Überraschung die Türen zum Verlies des gefangenen Indianers aufgesperrt und den Vogel ausgeflogen. Wohl ließ er sofort Alarm schlagen, aber der Flüchtige war nicht mehr einzuholen. Spuren im Schnee zeigten, daß Regengesicht von außen her befreit worden war. Nach Meinung California Joes, der übrigens seine Bewunderung für dieses Meisterstück indianischer Schlauheit nur schlecht verhehlen konnte, schien Sitting Bull höchst persönlich die kühne Befreiungstat vollbracht zu haben. Er hatte nicht falsch geraten! Was nützte es nun, daß General Custer tobte, daß Smith und die Wachtsoldaten im Arrest saßen und daß Sheridan am gleichen Tage den Auftrag überbringen ließ, Häuptling Regengesicht sei unter scharfer Bedeckung in das Armeehauptquartier zu überführen? Der Gefangene war verschwunden! Seit diesem Tage legten sich düstere Vorahnungen auf das Gemüt des Captains Tom Custer!

Sie schwuren beim Rauch des Kalumets

Weh deinem freigebornen Volke!
Da steht sie,
Eine wetterschwangre Wolke.

Sitting Bull sah dem befreiten Regengesicht lächelnd in die Augen. Ein froher Ton schwang in seiner Stimme, als er ihn mit den Worten begrüßte:
«Tatanka Yotanka ist glücklich, Ite-o-Magazu wieder an seiner Seite zu wissen. Mein Bruder stärke seinen Leib, wir haben noch einen weiten Ritt vor uns.»
Die Häuptlinge saßen an einem kleinen, gegen unberufene Augen gut gedeckten Feuer und verzehrten die zarte Keule eines Hirsches, den Sitting Bull erlegt hatte, bevor er nach Fort Lincoln ritt, um den Gefangenen zu befreien. Dann stiegen sie auf ihre Pferde und ritten nordwärts, dem heimatlichen Dorfe entgegen. Unterwegs erzählte der Stammeshäuptling, wie Gall zurückgekehrt sei und von der Gefangennahme Regengesichts berichtet habe. Er, Sitting Bull, sei sofort aufgebrochen, um den Freund aus den Händen der Mila hanska zu befreien. Tagelang habe er sich in nächster Nähe des Forts herumgetrieben und alles genau ausgekundschaftet. Wakan tanka sei ihm beigestanden und habe die Tat gelingen lassen.
Regengesicht seinerseits schilderte die Kämpfe in den Black Hills. Die Gefangennahme und die erlittenen Mißhandlungen durch die Weißen berührte er nur mit wenigen Worten, im übrigen zeigte sich Ite-o-Magazu hochgestimmt und gab seiner festen Überzeugung Ausdruck, daß die schwer geschlagenen Bleichgesichter es wohl kaum ein

zweitesmal wagen würden, in die Black Hills einzudringen. Nun hat zwar Sitting Bull zeit seines Lebens die Watschitschun, ihre Überlegungen und ihre Handlungsweise nie richtig verstanden. So glaubte er noch in späteren Jahren, die Soldaten in Montana und die in Wyoming gehörten zwei verschiedenen Staaten an, und es war ihm unerklärlich, daß die in Wyoming stehenden Truppen ihm weder Waffen noch Munition liefern wollten, als er gegen die Mila hanska in Montana Krieg führte. Auch unterschätzte er deshalb gehörig die militärische Stärke der Staatenarmee. Wo immer er auch mit den Blauröcken zusammengeriet, zählten diese kaum mehr als tausend Mann, während er selbst, auf dem Höhepunkt seiner Macht, mit Leichtigkeit das Doppelte und Dreifache an Kriegern ins Feld führen konnte. Immerhin kannte er aber den Charakter der Bleichgesichter und verabscheute ihre unersättliche Habgier und ihr unehrliches Wesen.
Aus diesem Grunde schien er nicht gesonnen, die zuversichtliche Meinung Regengesichts ohne weiteres zur eigenen zu machen. Wortlos hörte er dem Freunde zu. Als Iteo-Magazu geendet, versank er in tiefes Nachdenken. Verblüfft schaute der Kriegshäuptling auf seinen Freund. War Tatanka Yotanka nicht glücklich, daß die Indianer gesiegt hatten? Oder schien er etwa seinen Worten zu mißtrauen? Unmut und Enttäuschung stiegen in ihm auf.
Meile um Meile legten die beiden Freunde zurück, ohne ein Wort zu wechseln. Endlich begann Sitting Bull wieder zu sprechen: «Mein Bruder höre: Nach unserer Rückkehr werden wir die Häuptlinge und Krieger versammeln. Tatanka Yotanka wird zu ihnen sprechen, so wie das Große Geheimnis zu ihm gesprochen hat!»

*

So geschah es. Im Kreise der Häuptlinge und Krieger hielt Sitting Bull jene Rede, die den Indianern erst richtig die Augen öffnete über die große Gefahr, die ihnen von den Weißen drohte.

«Meine Brüder Gall und Ite-o-Magazu und ihr alle, tapfere Krieger der Hunkpapa», sprach Sitting Bull, «öffnet eure Ohren und vernehmt, was ich euch zu sagen habe: Die Weißen haben in den Schwarzen Bergen Gold gefunden. Wohl habt ihr die Eindringlinge hinausgejagt. Aber glaubt mir, Brüder, so wie der Wolf immer von neuem Hirsch und Antilope reißt, um seinen Hunger zu stillen, so werden sie nicht aufhören, in unsere Heimat einzufallen. Ihr unersättlicher Hunger nach Gold ist stärker als alle Verträge, die sie mit uns geschlossen. Vergeßt nicht, Hunkpapa: Gold ist dem Bleichgesicht alles und jedes. Dem Gold opfert er alles – Freunde, Verträge, Ehre und Leben!»

Mit steigender Erregung hatte Sitting Bull gesprochen. Seine letzten Worte sprühten von grimmigem Haß gegen den weißen Erbfeind, der um des verfluchten gelben Metalles willen den Friedensvertrag mit den Indianern zu einem Fetzen Papier erniedrigte. Gewaltsam unterdrückte er den aufsteigenden Zorn und fuhr fort:

«So lehrte mich Wambli-luta: Vor vielen, vielen Wintern gehörte alles Land zwischen den Felsenbergen und dem Großen Wasser, aus dem die Sonne steigt, dem roten Manne. Glücklich und zufrieden lebten die Indianer, bis die Bleichgesichter auf ‹schwimmenden Tipis› sich der Küste näherten und ihre Füße auf unseren Boden setzten. Arglos hat man ihnen Gastfreundschaft angeboten, gab ihnen Land und brachte ihnen die Beute der Jagd. Aber immer mehr Weiße kamen über das Große Wasser, und immer frecher wurden ihre Forderungen. ‹Indianer gib Land!› hieß es jetzt. Als der rote Mann sich endlich weigerte, dem Bleichgesicht länger dienstbar zu sein, begann der Krieg. Die Weißen haben es gut verstanden, unsere Brüder gegeneinander zu hetzen, damit sie sich ohne ihr Zutun vernichteten. Weil die Indianer uneinig waren, weil sie sich selbst bekämpften, unterlagen sie gegen die Bleichgesichter, verloren sie ihre Heimat und wurden vom Erdboden vertilgt. Hier, meine Brüder, hier auf diesem Boden, sind die letzten Jagdgründe der letzten freien Indianer. Wenn wir diese auch noch preisgeben, wird das Volk Wakan tankas untergehen, und der Weiße wird herrschen über die Berge, über Flüsse, Seen und Prärien. Er wird sich untertan machen die Tiere auf dem Boden, die Vögel in der Luft und die Fische im Wasser. So lehrte mich Wambli-luta und sagt es euch Tatanka Yotanka.»

Mit atemlosem Staunen hörten die Hunkpapa zu. Seine kurze Rede barg die ganze unvorstellbare Tragik der roten Rasse. Selbst Ite-o-Magazu, der unbekümmerte Draufgänger, und Gall, der hochmütige, ätzende Spötter, ließen nachdenklich ihre Köpfe hängen. Was Sitting Bull da gesprochen hatte, schien tief in die Herzen gedrungen zu sein. Wohl wußten alle, wie die Dakota im Osten ihre angestammte Heimat verlassen mußten; aber nur die wenigsten hatten bis jetzt geglaubt, daß das Trauerspiel im Lande Minnesota bei ihnen seine Fortsetzung finden könnte. Nun begannen sich auch ihrem einfachen Denken die schrecklichen Zusammenhänge zu enthüllen, und es wurde ihnen offenbar, daß die Gold- und Ländergier der Watschitschun für die Indianer gleichbedeutend war mit dem Verlust ihrer Jagdgründe, mit ihrem endgültigen Untergang.

Sitting Bull wies nach dem Zeltausgang. «Meine Brüder

mögen jetzt ihre Tipis aufsuchen. Ich werde mit Wakan tanka Zwiesprache halten, um zu erfahren, was für die Zukunft zu tun ist.» Stumm entfernten sich die Krieger.

In der gleichen Nacht begann es zu schneien. Am Morgen wischten die Frauen den Schnee von den Zeltwänden, und die Kinder feierten den Winteranfang mit der unbeschwerten Fröhlichkeit ihrer Jugend. In hellen Scharen zogen sie außerhalb des Dorfes, und bald waren sie in heftige Schneeballschlachten verwickelt. Ho, ho! Wie da die weißen Geschosse flogen und welch ausgelassene Freude, wenn der eine oder andere Ball mitten in einem roten Gesicht zerplatzte. Auch die Mütter begrüßten den Winter mit glücklichem Aufatmen. In den Zelten war genügend Fleisch vorhanden. Aber die Hauptsache war ihnen doch, daß nun für einige Zeit wieder Frieden und Ruhe einkehrten. Die Väter hatten Wehr und Waffen an den Zeltstangen aufgehängt und widmeten sich ihren Söhnen oder saßen in gemütlichem Kreise unter ihresgleichen zusammen, rauchten und erzählten sich Geschichten. O ja, so ein Winter besaß auch seine Freuden, und die Indianer schienen gar nicht so unglücklich zu sein, für einige Zeit nicht mehr an Krieg und Kampf denken zu müssen.

Und doch: diesmal webte in aller Freude und in jedem Vergnügen ein ernster Unterton, ein Gefühl drohenden Unheils. Die Frauen wußten sich die verschlossenen Gesichter ihrer Männer und erwachsenen Söhne nicht recht zu deuten. Aber die Sitte verbot ihnen, nach den Ursachen dieser beunruhigenden, jegliche ausgelassene Belustigung dämpfenden Bedrücktheit zu forschen. Da und dort trafen sich einige Squaws zu einem kurzen Schwatz.

«Ho, der Winter ist gekommen, Schwester. Diesmal scheinen unsere Männer in ihren Herzen keine Freude zu empfinden.»

Die Angesprochene schüttelte bedauernd den Kopf. «Es ist nicht wie früher. Kein Skalptanz, kein Fest, und» – ihre Stimme wurde zu einem geheimnisvollen Flüstern – «Tatanka Yotanka macht Große Medizin.»
Beide Frauen hielten ihre Hände vor den Mund.
«Wah, wah! Wenn es nur nichts Ungutes ist!»
Seufzend gingen sie wieder ihrer Arbeit nach.
Häuptling Sitting Bull bereitete sich auf die Zwiesprache mit Wakan tanka vor. Er hatte sich ein Schwitzbad richten lassen, um seinen Körper von allen Schlacken zu befreien. Auch enthielt er sich jeglicher Aufnahme von Speise und Trank. Endlich, nachdem er sich auf diese Weise gründlich gereinigt und geläutert hatte, versank er in tiefes Nachdenken. Allein, mit geschlossenen Augen, kauerte er im Medizinzelt. Fast schien es, als ob der Häuptling schlafen würde. Aber Sitting Bull befand sich nur in einem Zustande vollkommener Sammlung; seine Gedanken kreisten hellwach, und seine Seele rief nach Wakan tanka. Düsteres Halbdunkel umgab den Betenden. Der Lärm von draußen her erstarb hier innen zu einem schwachen Geräusch. Häuptling Sitting Bull machte Große Medizin!
Vier Tage und vier Nächte hatte es ununterbrochen geschneit. Am Morgen des fünften Tages teilten sich die Wolken, und Sonnenstrahlen tanzten über die glitzernde weiße Fläche. In dieser Stunde öffnete sich auch der Eingang zum Medizinzelt, und ein abgemagerter, hohläugiger Sitting Bull, der sich nur mit Mühe aufrecht halten konnte, rief nach Viele Pfeile und hieß ihn, die Häuptlinge und Krieger ins Tiotipi zu rufen. Viele Pfeile, ein alter narbenbedeckter Krieger, bekleidete das wichtige Amt eines Ausrufers. Er eilte unverzüglich in sein Zelt, befestigte sich die in vielen Kämpfen erworbenen Adlerfedern ins Haar und griff nach der Trommel.

Bumm-bumm-bumm! dröhnte das Fell. Sofort verstummte der Lärm. Alles horchte, was der Ausrufer zu sagen hatte. Bumm-bumm-bumm-rrummm! Mit einem Wirbel schloß Viele Pfeile, und nun erscholl seine etwas heisere, kehlige Stimme:

«Hört, o hört, ihr Häuptlinge und Krieger der Hunkpapa. Tatanka Yotanka ist's, der euch ins Tiotipi ruft!»

Kurze Zeit nachher stapften von allen Seiten festlich geschmückte und bemalte Männer durch den knietiefen Schnee und begaben sich in das große Beratungszelt. Dort hatte der Ausrufer inzwischen ein mächtiges Feuer entfacht. Angenehme Wärme erfüllte den Raum. Die Häuptlinge und Krieger setzten sich rund um das prasselnde Feuer, einen großen Kreis bildend. Worte wurden nur selten gewechselt. Ihre ernsten Bronzegesichter starrten düster in die züngelnden Flammen. Als der letzte Mann sich gesetzt hatte, erschien Sitting Bull.

Eine wunderbare Veränderung schien mit dem Sachem[1] vorgegangen zu sein. Verschwunden waren Müdigkeit und Erschöpfung. Aufrecht, straff, hoch erhobenen Hauptes und mit blitzenden Augen trat er in die Mitte des Ringes. Die Flammen des Feuers umlohten seine kraftvolle, gebieterische Gestalt. Sein ganzes Wesen strömte Zuversicht und unbändige Energie aus.

Tatanka Yotanka war ganz in weißes, mit zierlichen, farbenfrohen Ornamentstickereien geschmücktes Hirschleder gewandet. Skalphaare schlossen die Nähte von Oberhemd und Beinkleidern. Auf dem Kopfe trug er eine prachtvolle, wallende Federhaube, und seinem Rücken entlang zogen sich zwei breite, rotgefärbte und ebenfalls mit Adlerfedern besteckte Schleppen, die ihm bis zu den Fersen reichten. In

[1] Sachem bedeutet Häuptling.

der Rechten trug er das uralte, heilige Kalumet der Hunkpapa, das nur bei hohen Ratsversammlungen geraucht werden durfte.

Nach einer angemessenen Spanne erwartungs- und respektvollen Schweigens begann Viele Pfeile leise die Trommel zu rühren. Leicht wischten seine Fingerspitzen über das Fell, daß es dröhnte wie fernes, drohendes Donnergrollen. Sorgsam stopfte Sitting Bull die kunstvoll aus rotem Stein geschnittene, ebenfalls mit Federn geschmückte Pfeife. Dann griff er nach einem glühenden Span und setzte den Tabak in Brand. Mit beiden Händen hob er das Kalumet in die Höhe, als wollte er es einem unsichtbaren Wesen reichen. Erst nach dieser ehrfurchtsvollen Handlung setzte er die Pfeife an den Mund. Je einmal stieß er den Rauch kräftig nach den vier Himmelsrichtungen, nach der Spitze des Zeltes und nach dem Erdboden. Das war das Rauchopfer, das vor jeder Ratsversammlung dem Großen Geheimnis dargebracht werden mußte. Wieder ließ der Stammeshäuptling eine Pause verstreichen, dann hub er zu sprechen an.

«Brüder! Tapfere Krieger der Hunkpapa!» Seine tiefe, klangvolle Stimme erfüllte den Raum, übertönte das leise Trommeln des Ausrufers und erzwang sich die Aufmerksamkeit eines jeden Zuhörers. Gebannt schauten die Versammelten auf ihren Sachem. Erwartungsvolle Spannung zeigte sich auf ihren Gesichtern. Sie fühlten die schicksalsschwere Bedeutung dieser Stunde.

«Brüder! Durch den Mund eures Häuptlings und Medizinmannes spricht Wakan tanka, das Große Geheimnis. Vernehmt, was es seinen roten Kriegern zu sagen hat. Öffnet eure Ohren, damit die Worte Eingang finden in eure Herzen. Von Sonnenaufgang her marschieren die Mila hanska gegen das Land der Dakota. Unermeßlich groß ist ihre Zahl und schrecklich die Gewalt ihrer Waffen. Aber die Bleichgesichter sind mit Blindheit geschlagen. Sie sehen nur unser Land. Sie sehen nur das Gold. Aber sie achten nicht der tapferen Krieger. Sie hören nicht das Donnern der Pferdehufe, das Klirren der Streitäxte, das Zischen der Pfeile. Wakan tanka hat alle diese Feinde und alle ihre Waffen in unsere Hand gegeben. Tatanka Yotanka sah weite Gebiete unseres Landes bedeckt mit den blau gekleideten Leichen der Langen Messer, und mit Freude sah er die Krieger der Dakota skalpgeschmückt in ihre Dörfer reiten.»

Die anfängliche Verzagtheit war von den Zuhörern gewichen. Kampfesmut, Vertrauen und Begeisterung strömten in ihre Herzen und ließen ihre Arme stark werden. Es schwand die bedrückende Last ungewisser Gefahren, das beklemmende Gefühl drohenden Unheils. Sitting Bull hatte von Krieg und Kampf gesprochen, aber auch von Sieg, Ruhm, von Skalp und Beute. Lauter grollte die Trommel. Häuptling Regengesicht wußte sich kaum mehr zu beherrschen. Mit Macht drängte es ihn, den schrecklichen Kriegsruf der Sioux auszustoßen, um das Feuer zu tanzen und den Tomahawk wirbeln zu lassen.

Sitting Bull war sich der Macht seiner Rede bewußt. Er hatte diese Wirkung vorausgesehen und angestrebt, denn *jetzt* ging es um die Entscheidung, *jetzt* mußte er den letzten noch frei lebenden Indianer für seine Sache gewinnen.

«Meine Brüder», fuhr er fort, «kaum mehr als zwei Winter sind uns gegeben, um unser Ziel zu erreichen. Nützen wir diese Frist. Setzen wir alles daran, unsere Macht und unsere Kraft zu stärken. Dieses Feuer hier», Sitting Bull wies mit dem Kalumet gegen die züngelnden Flammen, «dieses Feuer darf nie mehr auslöschen, und jeder von uns muß einen Teil davon in seiner Brust tragen. Denn, so spricht Wakan tanka, die Krieger der Hunkpapa müssen das Feuer der Freiheit den andern Stämmen bringen und dafür sorgen, daß alle roten Kinder einig sind, wenn sie zur entscheidenden Schlacht gegen die Mila hanska und für die Freiheit ihres Landes anzutreten haben!»

Sitting Bull legte das Kalumet vor sich auf den Boden. Dann zog er einen Pfeil aus dem Köcher des nächst sitzenden Kriegers und zerbrach ihn. «So leicht können wir besiegt werden, wenn wir uneins sind, meine Brüder!» Er warf die beiden Stücke ins Feuer. Nun packte er ein Bündel Pfeile, schlang einen Lederriemen darum und warf sie Häuptling Gall entgegen. Dieser fing die Pfeile auf und sah überrascht auf Sitting Bull. Der Stammeshäuptling hatte das Kalumet wieder aufgehoben und wies damit auf Gall. «Mein Bruder Gall gilt als einer der Stärksten unter den Hunkpapa. Er versuche, das Bündel zu zerbrechen.»

Geschmeichelt erhob sich der Angeredete und schickte sich an, den Befehl auszuführen. Aber trotz aller Kraftanstrengungen wollte ihm das nicht gelingen. «Ho, ho, ho!» lachten die andern. Sie hatten Sitting Bulls Gleichnis verstanden und freuten sich an den nutzlosen Bemühungen Galls. Machtvoll ertönte jetzt die Stimme Tatanka Yotankas:

«Wenn die Dakota, die Cheyenne und die Arapaho zusammenhalten, wird kein Mila hanska ihren Bund auseinandersprengen können. Seid einig, meine Brüder, seid einig, und ihr werdet die bleichgesichtigen Feinde schlagen, wie sie noch nie zuvor geschlagen wurden! Schwört beim Rauch des Kalumets, daß ihr einig und ohne Haß gegen den eigenen Bruder dem gemeinsamen Feinde entgegentreten wollt. Ich habe gesprochen.»

Sitting Bull reichte das Kalumet seinem Freunde Ite-o-Magazu. Dieser gab es seinem Nächsten, und so machte es weiter die Runde, bis ein jeder durch das Rauchopfer sich verpflichtet hatte, den Worten des Stammeshäuptlings zu gehorchen.

*

Zwei Tage später verließen Gall und Regengesicht, begleitet von einem Trupp ausgesuchter Krieger, das Dorf und ritten zu den andern Stämmen. Unter dem Oberhemd Iteo-Magazus ruhte wohl verwahrt das Kalumet der Hunkpapa. Die Oglala, die Brulés, Miniconjous, Sans Arcs, Two Kettles, Sisi-ka, die Cheyenne, die Arapaho – sie alle sollten die Botschaft Sitting Bulls vernehmen und beim Rauche des Kalumets geloben, einig und gemeinsam den Kampf gegen die Mila hanska zu führen. So hatte es Tatanka Yotanka seinen ausgesandten Kriegern aufgetragen, und gleichzeitig ließ er durch sie an alle Stämme die Einladung ergehen, im bevorstehenden Sommer zusammen mit den Hunkpapa das Fest des Sonnentanzes zu feiern.

Im Lager der Krähen

... alle sind wir Kinder dieses Landes,
eines Bluts und einer Farbe ...

Tecumseh

Mit Macht war der Frühling ins Land gekommen. Die grimmigen Geister des Winters wehrten sich kräftig gegen die erstarkende Sonne. Auf die Dauer mußten sie aber doch unterliegen und zogen sich grollend in die ewigen Eisgefilde, hoch im Norden droben, zurück. Bäche und Flüsse traten über die Ufer und überfluteten weite Gebiete der grünenden Prärie. Höher, immer höher kletterte die Schneegrenze, bis auch die letzten schattenhalben Reste von der triumphierenden Sonne entdeckt und aufgelöst wurden.

Mit Tanzen und Schmausen pflegten die Indianer nicht nur des Winters Sieg, sondern auch seine Niederlage zu feiern. Sie dankten ihrem Großen Geheimnis, daß es sie die kalten Monate ohne Hunger und Krankheit überstehen ließ.

Es mag nach unserer Zeitrechnung etwa im Mai oder anfangs Juni gewesen sein, als Sitting Bulls Gesandte wieder in das heimatliche Dorf zurückkehrten. Sie brachten frohe, glückverheißende Kunde mit. Keiner der aufgesuchten Stämme hatte sich von dem großen Einigungswerk ausgeschlossen, und sie alle ließen durch den Mund Ite-o-Magazus versichern, wenn die Sonne am höchsten stehen wird, mit den Hunkpapa den Sonnentanz zu feiern.

Der Stammeshäuptling verbarg beim Anhören dieses Berichtes seine triumphierende Freude nicht. Nun wehe den

Mila hanska! Ehe dieses Jahr vergangen, würde er über die stärkste Kriegsmacht gebieten, die je einmal unter der Führung eines einzigen Häuptlings vereinigt war. Wakan tankas Segen förderte sein Werk!
Regengesicht schilderte, wie sie in den Big Horn Mountains von einem furchtbaren Schneesturm überrascht und vom richtigen Pfad abgetrieben wurden. Roß und Reiter hatten jegliche Orientierung verloren.
Hoffnungslos, zu Tode erschöpft, irrten sie tage- und nächtelang herum. Schon glaubten sie, sterben zu müssen, da schlug plötzlich Hundegebell an ihre Ohren. Ehe sie einen Entschluß fassen konnten, sahen sie sich von Indianern umringt und erkannten mit Schrecken, daß die fremden Rothäute Tracht und Farbe der Krähenindianer trugen. Trotz ihrer Schwäche schickten sich die Hunkpapa an, den scheinbar unausweichlichen Kampf aufzunehmen. Aber einer der Krähen – später stellte es sich heraus, daß es ein Häuptling war – trat vor und gab das Zeichen des Friedens. Regengesicht erwiderte den Gruß, mißtrauisch zwar und eine Kriegslist befürchtend. Sie stiegen von ihren Pferden und ließen sich von den Krähen in das Ratszelt führen. Zögernd traten die Sioux ein, immer gewärtig, unversehens überfallen und gefesselt zu werden.
Wohlige Wärme hüllte sie ein. Ein mächtiges Feuer prasselte in der Mitte des Raumes. Alsgemach schmolz das tiefe Mißtrauen der Gäste, und als zwei junge Mädchen den erschöpften Dakota mit Speise und Trank aufwarteten, spürten sie, wie sich ihre froststarren Glieder wieder belebten. Noch während Regengesicht und die Seinen der reichlichen Mahlzeit zusprachen, begann sich das Tipi mit Kriegern zu füllen. Wortlos setzten sich die Krähen rund um das Feuer. Hin und wieder streifte ein neugieriger oder haßvoller Blick die Hunkpapa. Diese aber achteten sich

dessen nicht weiter, sie wußten, daß Wakan tanka ihr Geschick in seinen Händen hielt.
Nachdem die Gäste gesättigt, erhob sich ein alter, aber immer noch hochgewachsener Häuptling und sprach:
«Es hat dem Großen Geheimnis gefallen, die Schritte der Sioux in das Dorf der Absaroka zu lenken. Häuptling Viele Coups kennt die Gesetze der Gastfreundschaft, und er will den Haß zwischen unserem und eurem Volke vergessen, solange die Sioux in den Zelten der Krähen weilen. Mögen unsere Gäste mit den Kriegern der Absaroka das Kalumet des Friedens rauchen.» Der Häuptling zündete die Pfeife an, rauchte die vorgeschriebenen Züge und reichte sie Ite-o-Magazu. Mit einer leichten Verbeugung nahm der Sioux das Kalumet entgegen, und nachdem er ebenfalls geraucht, ging das Zeichen des Friedens ringsum. Auf diese Weise besiegelten die Indianer Gastfreundschaft und Frieden. Wieder erhob sich Viele Coups, nahm die Pfeife entgegen und sprach: «Unsere Brüder von Sonnenaufgang seien im Dorfe der Absaroka willkommen. Ihre Pferde werden gepflegt und gefüttert, und die Krieger teilen mit uns, was wir an Fleisch vorrätig haben. Ich habe gesprochen.»
Schon als das Kalumet die Runde machte, überfiel Regengesicht blitzartig die Erkenntnis, daß Krähen und Hunkpapa eigentlich von gleicher Rasse und gleicher Hautfarbe waren. Warum sollte er nicht versuchen, das Kriegsbeil zwischen diesen Völkern für immer zu begraben und die Krähen zu veranlassen, gemeinsam mit den Sioux gegen die Mila hanska zu ziehen. Dieser Gedanke wurde in ihm immer größer, immer drängender, und er war gewiß, daß Sitting Bull einer Bundesgenossenschaft mit diesen bisherigen Feinden ohne langes Besinnen zustimmen würde. Nach der zweiten Höflichkeitsansprache des Krähenhäuptlings erhob sich Regengesicht.

«Ite-o-Magazu, Häuptling im Stamme der Hunkpapa von den Otchenti Chakowin, dankt für die gastfreundliche Aufnahme. Wakan tanka hat sie aus Todesgefahr in das Dorf der tapferen Absaroka geführt. Regengesicht sieht darin eine Fügung, denn das Große Geheimnis tut nichts ohne bestimmte Absicht.»
Die Krähen nickten. Ermutigt fuhr der Sioux weiter:
«Viele Winter lebten die roten Völker diesseits des Min-ni-schosch frei, und sie hatten genügend Fleisch, um ihren Hunger zu stillen. Zwar lagen sie teilweise auch unter sich in Fehde – ihr wißt es, Krähen!»
«Ho, ho, ho!» bekräftigten die Absaroka die Worte ihres Gastes. Häuptling Viele Coups verzog sein Gesicht zu einem verkniffenen Lächeln, und andere seines Stammes, besonders die Jüngeren, warfen dem Sprecher bitterböse Blicke zu.
«Wir haben uns gegenseitig Pferde gestohlen, haben Weiber und Skalpe geraubt.»
Wieder nickten die Krähen. Regengesicht, der die Sprache der Krähen verstand und sie selber auch leidlich beherrschte, drehte nun den Spieß um.
«Seit einigen Wintern sind aber die Sioux nicht mehr gegen die Absaroka gezogen, denn eine mächtige, düstere Wolke ist jenseits des Min-ni-schosch aufgestiegen und drohte über das Land der Dakota zu kommen. Die gemeinsamen Feinde *aller* Indianer, die bleichgesichtigen Mila hanska, waren aufgestanden und in unsere Jagdgründe eingedrungen. Vor Beginn dieses Winters haben sich die Krieger der Hunkpapa den Weißen entgegengestellt und sie über den großen Fluß zurückgetrieben. Viele Skalpe schmückten die Gürtel unserer Tapferen. Wir wissen aber, Brüder der Absaroka, daß die Watschitschun wieder kommen werden, denn höher als den Frieden mit den roten Kindern schätzen

sie ihre Gier nach Gold und Land. Von nun an wird Krieg sein, Krieg bis zur Entscheidung. Die Weißen verschonen keinen, weder die Sioux noch die Cheyenne oder die Krähen. Sie wollen das Land des roten Mannes, und sie wollen den Tod des roten Mannes. Glaubt es mir, Krähen!»

Starr sahen die Indianer in das Feuer. Nichts in ihren Gesichtern deutete auf irgendeine Bewegung hin. Regengesicht fuhr mit erhobener Stimme fort:

«Die Dakota werden das Kriegsbeil gegen die Krähen endgültig begraben, und sie werden vergessen, daß zwischen diesen Völkern je einmal Feindschaft war. Aber sie fordern euch durch den Mund Ite-o-Magazus auf, an ihrer Seite gegen die weißen Landräuber zu kämpfen. Tatanka Yotanka, der große Häuptling der Hunkpapa, schickt euch diese Botschaft: ‹Laßt den Hader und vergeßt den Zwist. Seid vor allem Indianer und kämpft mit euren Brüdern gegen die Langen Messer.› Ich habe gesprochen.»

Regengesicht setzte sich. Sofort trat Häuptling Viele Coups in den Ring.

«Die Ohren der Absaroka haben die süße Melodie vernommen, die ein verirrter Vogel aus dem Osten an ihrem Ratsfeuer gesungen hat. Ite-o-Magazu mag wissen, daß die Mila hanska auch den Krähen nicht unbekannt sind. Aber bis jetzt haben wir von den Weißen nur Gutes erfahren, und wir sehen keinen Grund, gegen sie das Kriegsbeil auszugraben. Bis jetzt sind es stets die Dakota gewesen, die Krieg und Tod in die Dörfer der Absaroka getragen haben. Wir können das nicht so rasch vergessen. Aber meine Krieger mögen selbst bestimmen, ob sie den Worten des Sioux oder dem Rate Viele Coups gehorchen wollen. Ich habe gesprochen.»

Beifälliges Murmeln belohnte die Rede des Häuptlings.

SITTING BULL
Häuptling der Hunkpapa-Sioux
(Nach einer zeitgenössischen Photographie)

SITTING BULL

GALL
Häuptling der Hunkpapa-Sioux
(Smithsonian-Institution, Washington)

Links: Sonnentanz-Tempel der Arapaho
(American Museum of Natural History, New York)
Rechts: So wanderten die Prärieindianer von Rastplatz zu Rastplatz
(Bild aus Thévenin & Coze
«Mœurs et Histoire des Peaux Rouges»)

REGENGESICHT
Häuptling der Hunkpapa-Sioux
(Smithsonian-Institution, Washington)

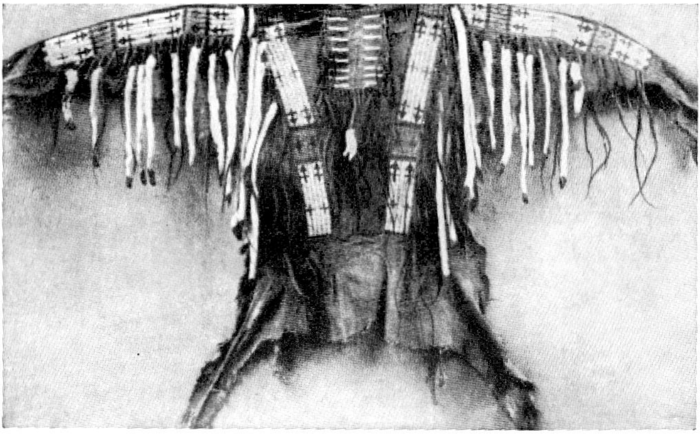

Kriegshemd der Siouxindianer
Das Hemd ist aus vier Hirschhäuten gefertigt, mit Perlenstickerei, Besatz aus Skalphaaren und gefärbten Stachelspitzen des Stachelschweines verziert

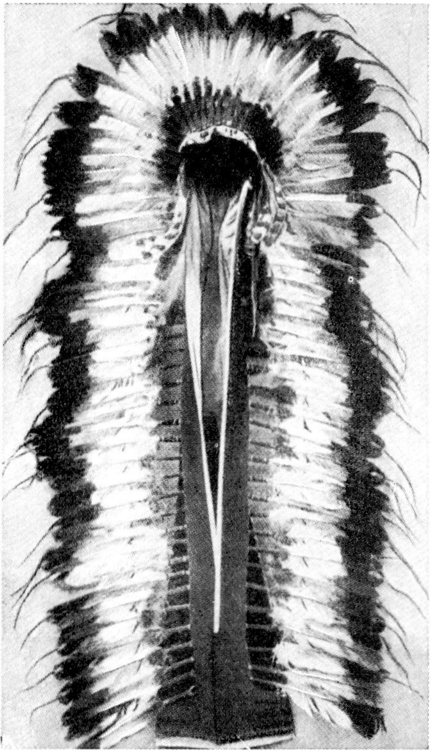

Federschmuck der Siouxindianer
(Collection du Maréchal Foch, Paris)

CURLEY,
der Absaroka-Kundschafter
(Notman, Montreal)

Indianer verfolgen einen Kundschafter

GENERAL GEORGE ARMSTRONG CUSTER
Kommandant des 7. US-Kavallerie-Regiments
(Smithsonian-Institution, Washington)

Kriegstanz der Sioux
(Nach einem zeitgenössischen Gemälde)

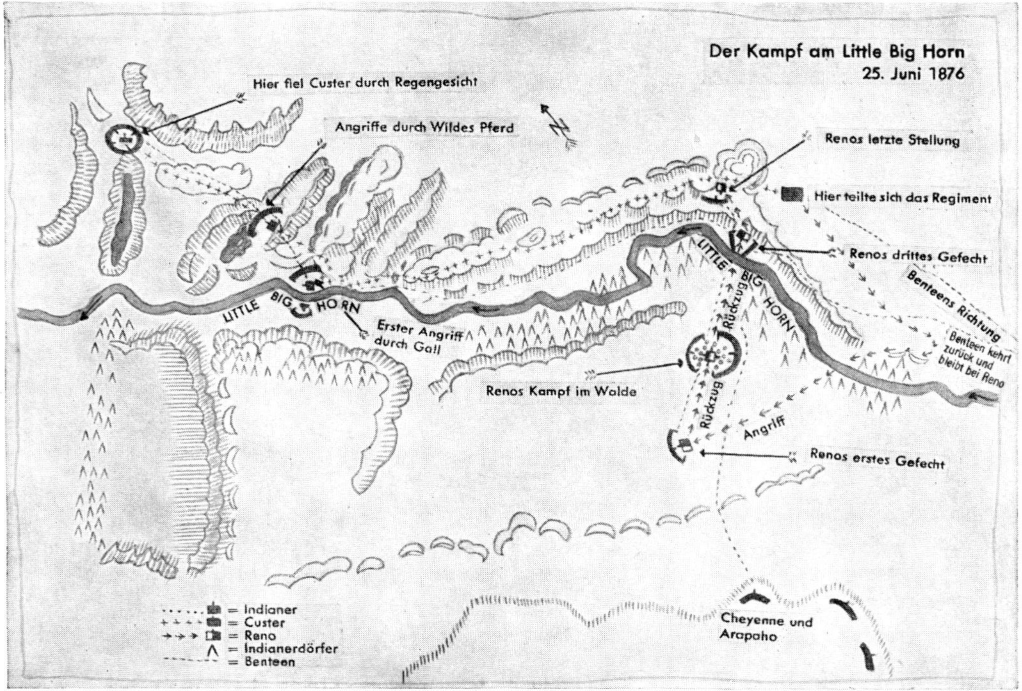

Plan der Schlacht bei Little Big Horn

Die Schlacht am Little Big Horn
25. Juni 1876
(Nach einem Gemälde von Prof. Elk Eber, München)

COMANCHE
Captain Keoghs Pferd
(Nach einer Photographie von Barry)

Indianische Darstellung der Custer-Schlacht

Das Custer-Denkmal
(Nach einer Photographie von Barry)

ROTER TOMAHAWK,
der den tödlichen Schuß auf Sitting Bull abfeuerte

Sitting Bulls letzte Ruhestätte

Ein junger Krieger stand auf. Zwei große Adlerfedern zierten seine Skalplocke. In reicher Fülle floß das rabenschwarze Haar um das hübsche, intelligente Gesicht. Spöttisch musterte der Krähe die Sioux.
«Curley ist noch jung, doch trägt er bereits die Würde eines tapferen Kriegers. Auch er hat die süße Melodie des fremden Vogels vernommen, aber die Töne gingen bei einem Ohr hinein und beim anderen wieder hinaus. Curley muß lachen, wenn er Ite-o-Magazu über ein Bündnis zwischen Krähen und Hunkpapa sprechen hört. Er kann den Sioux keinen Glauben schenken. Hat er nicht selbst erzählt, wie er und die Seinen den Krähen Skalpe, Pferde und Weiber gestohlen haben? Hat Ite-o-Magazu unserem Volke gegenüber nicht gerade das getan, was er jetzt den Mila hanska vorwirft? Weil die Sioux die Macht der Weißen fürchten, betteln sie sogar bei den Absaroka um Hilfe. Groß muß ihre Angst sein! Curley warnt euch, Krieger meines Volkes. Verschließt eure Ohren vor den tückischen Worten dieses Sioux. Heute können wir ihm helfen, und morgen wird er wieder über uns herfallen. Ite-o-Magazu mag wissen, daß Curley und viele seiner Brüder den blauen Rock der Mila hanska tragen und als Kundschafter in ihren Reihen gegen die Dakota kämpfen. Der Hunkpapa trage Sorge, daß er Curley nicht vor den Tomahawk kommt. Ich habe gesprochen.»
Beifall rauschte auf. Offene, haßvolle Feindschaft zeigte sich auf den Gesichtern der Krähen. Fäuste griffen nach Messer und Schlachtbeil. Die Sioux bewahrten diesem ungestümen Gefühlsausbruch gegenüber vorbildliche Ruhe. Wohl konnte Regengesicht seine Enttäuschung über den Zusammenbruch der so hochfliegenden Pläne nicht verbergen. Wohl fraß grimmige Wut in seinem Herzen, als er die hohnvollen, beleidigenden Worte Curleys anhören

mußte, aber es wäre ihm nie eingefallen, den Redner zu unterbrechen. Am Ratsfeuer und in der Wechselrede respektiert der Indianer auch den schlimmsten Gegner.
Wieder trat ein Krieger ans Feuer. Mit hohnvoller Gebärde wies er auf Regengesicht.
«Ite-o-Magazu scheint nicht zu wissen, daß Feuer und Wasser nie miteinander vermischt werden können. Auch zwischen Absaroka und Dakota kann es nie Frieden geben. Die Mila hanska haben uns Gewehre, Decken und Kleider geschenkt. Sie senden uns gefleckte Büffel (Schlachtvieh), damit wir nicht zu hungern brauchen. Sollen wir sie deshalb bekriegen? Kreisender Falke weiß, was Ehre ist. Nie wird er die Waffen erheben gegen die Langen Messer und nie wird er aufhören, die Sioux zu bekämpfen. Ich habe gesprochen.»
Häuptling Viele Coups warf einen fragenden Blick auf den Anführer der Hunkpapa.
«Will Regengesicht noch etwas sagen?»
Erst zögerte der Angerufene, dann nickte er und trat entschlossen in den Ring.
«Krieger der Absaroka! Ite-o-Magazu ist ein Häuptling und ein Sioux. Er ist gewohnt, nur einmal zu sprechen, und er steht zu seinen Worten. Nie mehr wird er den Kriegspfad gegen die Krähen oder gegen einen anderen Stamm unserer Rasse betreten. Der Pfeil von seinem Bogen, das Messer an seinem Gürtel und der Tomahawk in seiner Hand werden nur noch gegen die Weißen gerichtet. Aber», Regengesicht reckte sich und schüttelte die geballte Faust gegen die Krähen, «aber möge sich jede Rothaut vor mir hüten, die mit den Langen Messern gegen uns kämpft. Ite-o-Magazu wird dann keine Gnade kennen!»
Die Stimmung im Ratszelt hatte bedrohliche Ausmaße angenommen. Es brauchte nur einen winzigen Funken, um

einen tragischen Ausgang der Versammlung herbeizuführen. Das schien auch Häuptling Viele Coups zu ahnen. Er entschied deshalb:
«Für heute nacht mögen die Sioux noch unsere Gäste sein. Der Rauch des Kalumets wird sie schützen. Unsere Weiber werden für ihren Leib sorgen und ihnen auch frischen Reiseproviant bringen. Morgen früh aber soll sich Ite-o-Magazu mit seinen Brüdern wieder entfernen. Wenn die Sonne auf Mittag steht, müssen sie sich vor den Kriegern der Absaroka hüten. Ich habe gesprochen.»

*

Als Regengesicht seinen Bericht beendet hatte, faßte Sitting Bull ihn an den Schultern.
«Ich danke meinem Bruder, was er für die gemeinsame Sache getan. Er hat am Feuer der Absaroka richtig gesprochen. Aber weder Regengesicht noch Sitting Bull können aus feigen Hunden tapfere Bären machen. Mögen die Krähen mit den Mila hanska gegen uns kämpfen. Sie werden ihrer Strafe trotzdem nicht entgehen.»

Der Sonnentanz

«Gib mir Kraft, o Wakan tanka, gib mir Kraft!
Stärke meinen Mut, o Wakan tanka!
Vermehre meine Schmerzen und lasse mein Blut fließen,
Denn ein Krieger betet zu dir im Sonnentanz!»

Häuptling Sitting Bull hatte gerufen, und alle Stämme der Dakota, der Cheyenne und der Arapaho waren zur Zeit aufgebrochen, um die von Regengesicht angegebene Stelle am oberen Missouri zu suchen. Kein Hindernis konnte sie von ihrem Wege abbringen. Reißende Flüsse wurden durchwatet, steile Berge überschritten. Gewaltige Strapazen mußten einzelne Völker erdulden, bis sie das flache Plateau erreichten, auf dem das gemeinsame Sonnentanztreffen durchgeführt werden sollte. Aber die Indianer ließen sich nicht abschrecken. Sie wußten durch den Mund Regengesichts, daß die bevorstehende Zusammenkunft für ihr ferneres Schicksal entscheidend war. Ihre Liebe zur angestammten Heimat, ihr glühender Drang nach ungebundener Freiheit ließ sie alle Widerstände überwinden.
Mit Kind und Kegel waren sie aufgebrochen. Voraus ritten die Häuptlinge und eine Horde Krieger. Hinter diesem schützenden Schild folgte der unendlich lange Zug der Frauen, Pferde, Kinder und Hunde. Nach uralter Sitte wurden die Zeltstangen kreuzweise über die Pferderücken gelegt, so daß die dicken Enden am Boden schleiften. Auf diesen einfachen Schleppschlitten – «Travoi» genannt – fanden schwache Greise, kleine Kinder und die ganze Habe einer Familie Platz. Was gehen konnte, marschierte

nebenher. Beidseits des Zuges und in der Nachhut tummelten sich weitere Krieger als Sicherung gegen Feind und Überfall. Ging ein Tag zur Neige, machten die Wandernden an einem günstig gelegenen Rastplatz halt. Rasch hatten die Frauen mit Hilfe der größeren Kinder ihre Zelte aufgestellt. Ein kleines Tipi benötigte etwa zwölf Stangen, für ein großes Zelt waren bis zu fünfundzwanzig Stangen erforderlich. Die Väter begaben sich derweilen auf die Jagd, um für Abendessen und Frühstück herbeizuschaffen. Frühmorgens, ehe die ersten Sonnenstrahlen die nächtlichen Schatten verjagten, wurde wieder aufgebrochen. In weniger als einer Stunde war der Stamm marschbereit, und weiter ging die Reise nordwärts dem Missouri entgegen.

Als der Monat «in dem die Sonne am höchsten steht» zu Ende ging, hatten sich die Stämme vollzählig versammelt. Das riesige Lager bildete einen Ring von mehr als zweihundert Meter Durchmesser. Jedes einzelne Zelt war mit einer prächtig bemalten, fein gegerbten und von allen Haaren gesäuberten Büffelhaut bedeckt. Als Windbrecher und Rauchfänger dienten besondere, an den Zeltspitzen befestigte Klappen, die bei Regenwetter geschlossen werden konnten. Eigentümlicherweise blickten alle Zelteingänge nach Osten.

Unter der Leitung Sitting Bulls begann man unverzüglich den Sonnentanztempel zu errichten. Alles nahm teil an dieser so wichtigen Arbeit. Krieger schlugen die von den Medizinmännern bezeichneten Baumstämme, und die Frauen und Kinder flochten mit Ästen und Weidenruten Dach und Wände. So entstand in kurzer Zeit eine riesige, schmucklose und hallenartige Laubhütte, in der zur festgesetzten Zeit die Marterungen der Sonnentänzer stattfinden sollten.

Sitting Bull versäumte nicht, alle eingeladenen Stämme der

Reihe nach aufzusuchen und zu begrüßen. Sein erster Gang führte ihn zu den Zelten der Oglala, wo ihn der berühmte Häuptling und Nachfolger von Rote Wolke, Tashunka Witko (Wildes Pferd) willkommen hieß. Hinter ihrem jungen Sachem standen Amerikanisches Pferd, Rothorn Büffel und Kleine Rote Wolke, der mutige Sohn seines großen Vaters. Bei den Miniconjous grüßte Sitting Bull den grimmigen Lahmen Hirsch und den bedächtigen Ein Horn, bei den Brulés die heldenhaften Häuptlinge Hump und Krähenhund, bei den Cheyenne die tapferen Sachems Stumpfes Messer, Zwei Monde und Kleiner Wolf, bei den Arapaho den kühnen Mitaha-sa (Pulvergesicht) – und so einen nach dem andern dieser Häuptlinge und narbenbedeckten Krieger. Keiner fehlte, alle waren zur Stelle und jeder wußte, worum es ging.

Vor Beginn der eigentlichen Sonnentanzfestlichkeiten bat Sitting Bull die Häuptlinge aller Stämme in den Tempel zu einer allgemeinen Beratung. Der Hunkpapa hatte sich ein hohes Ziel gesetzt, und er setzte die gewaltige Macht seiner Rede, die Stärke seiner durchdringenden Überzeugungskraft und seine diplomatische Schlauheit ein, um dieses Ziel zu erreichen. Eindringlich schilderte er den Eingeladenen die drohende Gefahr des weißen Ansturms und setzte ihnen auseinander, warum und wieso der Zusammenschluß aller freien Indianerstämme unter einer einheitlichen Führung notwendig geworden war.

Nun sind Indianer von Haus aus ehrsüchtig, eitel und mißtrauisch. Jeder einzelne dieser Kämpen glaubte das Zeug zu einem großen Heerführer zu besitzen, und keiner zeigte anfänglich sonderlich Bereitschaft, sich im Interesse aller einem gemeinsamen Führer zu unterordnen. Zwar hatte Sitting Bull mit keinem Wort und keiner Anspielung erwähnt, daß er sich etwa berufen fühlte, den nächsten

Krieg, den er unausweichlich kommen sah, an der Spitze aller Stämme zu führen. Sich derart hervorzustellen, wäre an sich schon unschicklich und wider Brauch und Sitte gewesen. Aber die Häuptlinge besaßen wache Sinne, und sie wußten genau, daß es letzten Endes darum ging, den Sachem und Medizinmann der Hunkpapa als obersten Führer der vereinigten Indianer zu wählen.
Also redeten sie stundenlang um den heißen Brei herum, bis endlich Häuptling Wildes Pferd das erlösende Wort fand: *Tatanka Yotanka!* Sitting Bull hätte keinen besseren und beredteren Fürsprecher finden können, als den in zahlreichen Kämpfen erprobten Anführer der Oglala. Wohl verzog Gall mißgünstig sein Gesicht, wohl schnitt Amerikanisches Pferd eine grämliche Miene – ach, es ist so schwer, ins zweite Glied zu treten, wenn man sich selbst so gerne an der Spitze wissen möchte. Doch schließlich überwanden die Häuptlinge Neid und Eifersucht. Einhellig stimmten sie dem Vorschlage Tashunka Witkos zu und wählten Sitting Bull als ihren obersten Häuptling. Eine bessere Wahl hätten sie nicht treffen können!
Schon tags darauf lieferte Sitting Bull ein prächtiges Beispiel seiner überragenden geistigen Fähigkeiten und kriegerischen Tugenden. Mit einem Trupp von ungefähr zwanzig Kriegern hatte sich Sitting Bull auf die Büffeljagd begeben. Bald waren sie in hügeliges, unübersichtliches Gelände geraten. Plötzlich rissen die vorausreitenden Späher ihre Pferde herum und preschten in vollem Galopp zurück.
«Mila hanska! Mila hanska!» riefen sie dem Oberhäuptling entgegen.
Gelassen erkundigte sich Sitting Bull nach der Zahl der Feinde.
«Fünf mal zehn», lautete die Antwort.

Der Oberhäuptling wandte sich an die ihn begleitenden Krieger.
«Die Langen Messer dürfen unter keinen Umständen in dieser Richtung weiter reiten. Das Lager des Sonnentanzes muß ihnen verborgen bleiben.»
«Also drauf auf die weißen Hunde!» schrie der stets kampfbegierige Ite-o-Magazu.
Sitting Bull wehrte schroff ab.
«Mein Bruder vergißt, daß wir keine Feuerrohre bei uns haben und nur zwei mal zehn Krieger zählen. Er verberge sich mit den Kriegern dort hinter jenen Felsen. Aber sie mögen die Augen offen halten, um zu sehen, wie Tatanka Yotanka die Mila hanska verjagt.»
Ungläubiges Staunen malte sich auf den Gesichtern der verblüfften Indianer. Aber ohne Widerrede führten sie den Befehl aus, und bald deutete nichts mehr auf ihre Gegenwart.
Der Oberhäuptling ritt über den nächstliegenden Hügel, und kurze Zeit später sahen ihn die Verborgenen an jener Stelle auftauchen, von wo die Späher zurückgekehrt waren. Sitting Bull stieg vom Pferde, kroch behutsam auf die Krete hinauf, und jetzt erblickte er in etwa hundert Schritte Entfernung den weißen Feind. Die Kavalleristen bereiteten sich eben vor, den durch eine Ruhepause unterbrochenen Vormarsch fortzusetzen.
Fiebernd vor Spannung beobachtete Regengesicht den Freund. Plötzlich richtete sich Sitting Bull auf, schwang triumphierend sein Schlachtbeil und schrie den völlig überraschten Blauröcken den schaurigen Kriegsruf der Sioux in die Ohren. Blitzschnell ließ er sich wieder zu Boden fallen, glitt zurück in Deckung, und mit einem Sprung saß er auf dem Rücken des wartenden Pferdes. Mit langen, ausgreifenden Sätzen galoppierte das gut dressierte Tier in einem

großen Bogen westwärts. Sorgsam achtete Sitting Bull darauf, von den Soldaten nicht gesehen zu werden. Nun wiederholte sich das gleiche Spiel. Ehe sich die Mila hanska von ihrem Schrecken recht erholt hatten, tauchte von einer anderen Seite neuerdings ein Roter auf, und wieder gellte ihnen das fürchterliche «Hi! yip-yip-yip-yip-hi yah!» entgegen.

«Teufel!» fluchte der kommandierende Leutnant. «Sind scheint's mitten in die Indsmen geraten. Blast zum Rückzug, Trompeter! Wollen weg, bevor uns der Skalp über die Ohren gezogen wird.»

Hell schmetterte das Horn. Die Reiter saßen auf. Der Leutnant hob den rechten Arm, wies nach Osten: «Maaarrrsch!»

In diesem Augenblick tauchte auf der linken Seite ein berittener Indianer auf, schüttelte wütend seine Waffen und gab nach rückwärts Zeichen, als ob er einen Trupp Krieger zur höchsten Eile anspornte. Den Kavalleristen, durchweg junge, frisch angeworbene Leute, die sich zum erstenmal auf einem Erkundigungsritt befanden, perlte der kalte Angstschweiß unter den Käppis.

«Galopp!» bellte der Offizier, und tief über die Pferdehälse gebeugt, jagten die Langen Messer davon.

Jubelnd brachen Sitting Bulls Krieger aus ihrem Versteck hervor, ritten dem Oberhäuptling entgegen und umringten ihn voller Begeisterung. Mit Windeseile verbreitete sich dieses kühne Geschehnis im Lager der vereinigten Stämme. Lauter Beifall brandete auf.

«Ho, ho, ho! Tatanka Yotanka hat allein fünf mal zehn Mila hanska in die Flucht geschlagen! Ein gutes Zeichen, Bruder. Unter dem Häuptling der Hunkpapa werden wir die Soldaten zu Paaren treiben!» So sprachen die roten Krieger unter sich. Ihr feines Empfinden wußte wohl zu unterscheiden zwischen prahlerischen Worten und wirklichen Taten. Wo sich aber bei einem der ihrigen die Kunst der Rednergabe mit kriegerischem Mute paarte, konnte er der rückhaltlosen Zuneigung seiner Brüder gewiß sein. Sitting Bull hatte sich dieses wertvolle und bedingungslose Vertrauen durch seine Tat gesichert.

*

Eine Woche später begannen die eigentlichen Sonnentanzfeierlichkeiten, deren Höhepunkt in der freiwilligen Marterprobe für die Tapfersten unter den Kriegern bestand. Schon einige Tage vorher begaben sich die Auserwählten, unter ihnen auch Häuptling Ite-o-Magazu, in den Tempel, um sich unter Anleitung der Medizinmänner auf die schwere Prüfung vorzubereiten. Sitting Bull traf mit Umsicht und Bedacht alle Maßnahmen, um den Sonnentanz zu einer eindrücklichen Offenbarung indianischer Standhaftigkeit werden zu lassen. Diese Feier sollte in den Herzen die Flamme hingebender Opferbereitschaft entfachen – eine Flamme, die immer stärker, immer höher brennen mußte, bis die weißen Feinde endgültig geschlagen und die Indianer wieder in Ruhe und Frieden in ihren Jagdgründen leben konnten. Nach dem Willen des Oberhäuptlings sollte die Sonnentanzmarter zu einem erhebenden Gelöbnis für den gemeinsamen Freiheitskampf werden, denn er wußte wohl, daß nichts so sehr wie das Beispiel triumphierender Schmerzüberwindung auf das Gemüt des Indianers anfeuernd wirkte.
An den Stammesfeuern sang man Starkherz-Lieder für die Freiwilligen im Sonnentanztempel. Man wünschte ihnen Kraft und Ausdauer im Erdulden der fürchterlichen Qua-

len. Dem Großen Geheimnis wurden Opfer dargebracht, damit es seine segnende Hand ausbreite über jene, die bereit waren, ihren Körper zu peinigen und ihr Blut zu vergießen.

Endlich nahte die Stunde der Entscheidung. Die Ausrufer gaben bekannt, daß der Sonnentanz am Morgen des nächsten Tages beginnen werde. Früher als üblich kehrte im Lager Ruhe ein. Nur aus dem Tempel war noch eintöniger Sing-Sang hörbar, wirbelten leise die Trommeln und ertönte das hohle Geräusch der Zauberrasseln. Als aber die leuchtende Scheibe des Mondes über dem Missouri emporstieg, erstarben auch dort die letzten Laute.

Weiß schimmerten die spitzen Tipis in der hellen Nacht. Streunende Hunde schlichen auf leisen Pfoten um die verglühenden Lagerfeuer und schnüffelten nach den Überresten der abendlichen Mahlzeit. Von Süden her blies ein lauwarmer Wind, zerrte an den Zeltklappen und brachte die Stangen zum Knirschen. Sonst war nichts als großes Schweigen. Und über allem wölbte sich in unendlicher Weite das sternenübersäte Firmament, Erde und Himmel schienen eins geworden zu sein.

Vor dem Tempeleingang .kauerte Sitting Bull auf einer Büffeldecke. Sein Kopf ruhte auf den hochgezogenen Knien. Selbst jetzt, mitten in dieser friedvollen Nacht, gönnte sich der Oberhäuptling keinen Schlaf. Einmal mehr betete er zu Wakan tanka und erflehte dessen Beistand für das gute Gelingen der bevorstehenden Feier und für die Zukunft seines Volkes. Gewiß, er hatte die Führung über die noch frei lebenden Stämme angestrebt. Aber nicht aus Ehrsucht und Machtrausch, sondern weil er sich stark genug wußte, den Weißen die Stirn zu bieten und die kommenden Auseinandersetzungen mit ihnen zu meistern. Diese Stärke besaß ihren Wurzelgrund im tiefen, kindlichen Gottesglauben des Häuptlings. Er wandte sein Gesicht den Sternen entgegen, und wie er so schaute, überkam ihn das beruhigende Gefühl, recht gehandelt zu haben, und zuversichtliche Kraft erfüllte sein Herz. Fast körperlich glaubte er die Nähe Wakan tankas zu spüren.

Noch einer war, der die Geister des Schlafes von sich scheuchte. Mitten unter den Freiwilligen des Sonnentanzes lag Häuptling Ite-o-Magazu, wie alle anderen nur mit einem Lendenschurz bekleidet. Nicht zum erstenmal unterwarf sich dieser gewaltige Krieger den Martern. Aber morgen kam seinem Blutopfer ganz besondere Bedeutung zu. Diesmal galt es keinen Heldenruhm zu mehren, sondern eine brennende Schmach zu tilgen. Regengesichts Herz war schwarz vor Haß gegen Captain Tom Custer, der ihn vergangenes Jahr gefangen genommen und mißhandelt hatte. Und dieser abgrundtiefe Haß ließ ihn seither keine Ruhe mehr finden.

Morgen würde das Blut von Ite-o-Magazus Körper triefen und die letzten Spuren der erlittenen Schmach abwaschen. Sehnsüchtig erwartete er den neuen Tag, wo er vor versammeltem Volke und im Angesicht des Oberhäuptlings seinen Schwur, den er damals in den Black Hills geleistet, bekräftigen wollte.

Endlich dämmerte der Morgen herauf. Fröstelnd erhob sich Sitting Bull und weckte den Ausrufer.

«Mein Bruder verjage mit seiner Trommel die Geister des Schlafes und rufe die Brüder zum Sonnentanz.»

Eilfertig erhob sich Viele Pfeile, und mit Macht ließ er die Trommel wirbeln. Hei, wie rasch das Lager zu neuem Leben erwachte! Eine freudig erregte Stimmung breitete sich aus – endlich, endlich, war die schon längst ersehnte Stunde gekommen. Im Nu hatten die Frauen wieder Feuer

angefacht, und bald durchzog der angenehme Duft von Bratenfleisch und würziger Suppe die Zeltgassen. Im nahen Fluß tummelten sich die Knaben. Geschrei und übermütiges Gelächter begleitete das Morgenbad.
Die Krieger zogen ihre besten Gewänder an und schmückten sich mit den Federn der Tapferkeit. Wieder ließ Sitting Bull die Trommel schlagen. Nun näherten sich die Männer gemessenen Schrittes dem Tempel und traten ein. Ihnen folgten die Frauen mit der gesamten Jungmannschaft. Niemand wollte dieses erregende Schauspiel verpassen.
Das Tempelinnere zeigte entfernte Ähnlichkeit mit einer Hinrichtungsstätte. Die von den Seitenwänden zum Hauptmast führenden, armdicken Baumstämme gemahnten fast an Galgen, und die an ihnen befestigten, hin und her baumelnden Lederschlingen verstärkten diesen unheimlichen Eindruck.
Sitting Bull bereitete das Rauchopfer. Er und die übrigen Medizinmänner steckten in phantastisch hergerichteten Gewändern, die nur bei höchsten Feierlichkeiten getragen wurden. Stumm kreiste das Kalumet. Dünne Rauchschleier waberten unter dem losen Blätterdach. Die Strahlen der Morgensonne tanzten über die dicht gedrängte Zuschauermenge, die in weihevoller Stille den heiligen Handlungen der Medizinmänner zusah.
Auf ein Zeichen Sitting Bulls begann Viele Pfeile die Trommel zu rühren. Gleich darauf wurde der Fellvorhang des Tempels beiseite geschoben und herein traten, einer hinter dem andern, an die fünfzig bis auf den Lendenschurz völlig nackte und am ganzen Körper mit grellen Farben bemalte Männer und Jünglinge. Ein hörbares Raunen ging durch die Zuschauer. Aber die Marterfreiwilligen blickten nicht nach links und nicht nach rechts. Hoch erhobenen Hauptes schritten sie in den Ring und gruppierten sich um

den Mast herum. Es hatte bestandene Krieger unter ihnen, auf deren Brust sich die Narben früherer Sonnentänze, mit roter Farbe deutlich nachgemalt, zeigten. Die Mehrheit der Freiwilligen aber bildeten die Jünglinge, angehende Krieger, die sich schon einen Namen erworben hatten. Ihre Mienen offenbarten Freude, Triumph und Gefaßtheit. Keiner zitterte!

Sitting Bull zog ein schartiges Messer aus dem Gürtel, hob es einen Augenblick hoch – das Schauspiel begann!

Er näherte sich dem ersten, seinem Freunde Regengesicht. Mit der Linken packte er auf der einen Seite dessen Brusthaut, preßte sie fest zusammen und durchstach sie mit dem Messer. Dann drehte er die Klinge um eine Viertelswendung, und nun stieß der Gehilfe ein fingerdickes Stück Holz durch die Wunde, so daß es beidseits um Handlänge hervorragte. Ite-o-Magazu zuckte mit keiner Wimper. In Strömen rann das Blut am Körper herunter und sammelte sich zu seinen Füßen in großen Lachen. Jetzt näherten sich zwei herkulisch gebaute Medizinmänner, hoben den bewegungslos stehenden Häuptling hoch und befestigten die vom Gerüst herunterbaumelnden Lederschlingen an den unter der Brusthaut durchgezogenen Holzstäbchen. Ein Stoß, ein Ruck – und der blutüberströmte Indianer pendelte frei hängend im Kreise. Hart spannte sich die aufgeschnittene Brusthaut, die nun das ganze Gewicht des Tänzers zu tragen hatte.

Nach Regengesicht kam der zweite Prüfling an die Reihe, dann der dritte, der vierte, bis alle an ihrer Brusthaut aufgehängt über dem Boden pendelten. Jeder von ihnen hatte furchtbare Qualen zu erdulden, aber kein Seufzer, kein Schmerzensschrei entrang sich ihren Lippen. Schwächlinge hätte man sofort heruntergeschnitten und des Tempels verwiesen.

Einige begannen heftig zu strampeln, um die Haut so rasch als möglich durchzuscheuern. Das Gesetz verlangte, daß die Prüflinge an ihrem eigenen Fleisch zu hangen hatten, bis Haut und Muskel unter dem Gewicht des Körpers rissen. Erst dann galt die Marterprobe als bestanden.
Nach Ablauf einer angemessenen Zeitspanne hingen die Medizinmänner den jüngsten Tänzern schwere Büffelschädel an die Füße, um das Gewicht zu vermehren und die Qualen abzukürzen. Diese «Erleichterung» war erlaubt und wurde keineswegs als unehrenhaft angesehen.
Ein süßlicher, schaler Blutgeruch verbreitete sich im Tempel. Da und dort zog es ein Weib vor, mit ihren kleinen Kindern diese Stätte des Grauens zu verlassen. Aber die meisten, vor allem die Angehörigen der Tänzer, folgten gebannt dem schrecklichen Schauspiel. Einzelne Sippen stimmten Starkherz-Lieder an, um den Mut der Prüflinge aufzustacheln und ihnen Kraft zu leihen, die fürchterlichen Schmerzen auszuhalten.
Eine Stunde mochte vergangen sein, als der erste Tänzer mit zerrissener Brust dumpf polternd zu Boden fiel. Sofort nahmen sich die Angehörigen seiner an. Heilende Kräuter wurden in die klaffende Wunde gelegt und der brennende Fieberdurst mit kühlem, frischem Quellwasser gestillt. Stolz leuchteten die Augen des jungen Kriegers, und kaum hatte er sich etwas erholt, stimmte er in die Gesänge der anderen ein. Einer nach dem andern fielen nun die Sonnentänzer herunter. Einige von ihnen sanken in Ohnmacht. Man ließ sie liegen, bis ihre Sinne wieder zurückgekehrt waren. Nach etwas mehr als zwei Stunden seit Beginn der Feier hing Regengesicht noch allein am Gerüst. Plötzlich begann er mit lauter Stimme zu singen:

«Gib mir Kraft, o Wakan tanka, gib mir Kraft!
Stärke meinen Mut, o Wakan tanka!
Vermehre meine Schmerzen und lasse mein Blut fließen;
Denn ein Krieger betet zu dir im Sonnentanz!

Nimm mein Opfer, o Wakan tanka!
Nimm mein Blut und mein Fleisch.
Ein Krieger hat geschworen, einem Weißen
Das Herz aus dem Leibe zu schneiden.

Nimm mein Blut und mein Fleisch
Und gib mir dafür das Leben des Weißen!
Lasse mich meinen Schwur erfüllen,
Gib mir Kraft, o Wakan tanka!»

Staunend, bewundernd hingen die Blicke der Zuschauer an diesem wahrhaft heldenmütigen Häuptling. Erst nach Ablauf von vollen vier Stunden wurde er von seinen freiwillig erduldeten Qualen erlöst. Selbst die ältesten Krieger konnten sich nicht erinnern, je einmal ein ähnliches Beispiel derartiger Aufopferung mit angesehen zu haben. Welch ein Maß von Selbstüberwindung, welch unerhörte Standhaftigkeit und welch abgrundtiefer Haß in diesem Häuptling steckten!
Zwei Tage später wurde das Sonnentanzlager abgebrochen. Die Stämme kehrten zurück in ihre Jagdgründe. In den Herzen der Krieger aber loderte das von Sitting Bull entfachte Feuer. Bevor die Häuptlinge auseinander gingen, nahm Tatanka Yotanka noch einem jeden das Versprechen ab, zum Endkampf für Freiheit und Heimat anzutreten, wenn er rufen würde.

*

1867 war die Fackel des indianischen Widerstandes den Händen von Häuptling Rote Wolke entglitten. Sechs Jahre später, 1873, war sie von Häuptling Sitting Bull wieder aufgehoben worden. Die Hunkpapa lösten die Oglala ab. Von nun an bildeten sie die scharfe Speerspitze im Kampfe gegen den weißen Feind!

Ein Vertrag wird gebrochen

«Ich zittere für mein Volk, wenn ich der Ungerechtigkeiten gedenke, deren es sich gegen die Ureinwohner schuldig gemacht hat.»

Thomas Jefferson

Eine dunkle Wolke folgte den Arapaho auf ihrer Heimreise. Am Yellowstone-River stießen sie auf die B-Kompanie des 2. US-Infanterie-Regiments, verstärkt durch ungefähr hundertfünfzig Shoshonikrieger. Kommandant der Blauröcke war ein Captain Bates, und die Indianer führte der Häuptling Washakie. Dieser Sachem genoß in der Armee hohes Ansehen. Er war auch dabei gewesen, als General Custer im Winter 1868 das Cheyennedorf des Häuptlings Schwarzer Kessel am Washita-River überfallen und die Bevölkerung fast ausgerottet hatte. Washakie und seine Shoshoni haßten die Teton und deren Verbündete aus tiefstem Herzen, und weil sie allein zu schwach waren, gegen diese mächtigen Völker Krieg zu führen, machten sie mit den Weißen gemeinsame Sache.

Die Arapaho dachten nicht an Krieg. So traf sie der Überfall unvorbereitet und mit voller Wucht. Wohl wehrten sich die Krieger mit dem Mute der Verzweiflung. Aber auf die Dauer mußten sie der besser bewaffneten Übermacht erliegen. Nur wenigen Überlebenden gelang es, sich vom Feinde zu lösen. Erschöpft und ihrer Habe beraubt, trafen sie nach vielen entbehrungsreichen Tagen wieder im Dorfe Sitting Bulls ein, wo sie gastfreundliche Aufnahme fanden.

Fast gleichzeitig mit den Arapaho erreichte auch eine Botschaft Tashunka Witkos das Lager der Hunkpapa. Die Oglala, die dem Tongue-River entlang heimwärts wanderten, überraschten unterwegs eine von Osten her kommende Horde Krähenkrieger unter Häuptling Viele Coups. Wohl versuchten die Krähen den Sioux auszuweichen, aber die Oglala waren schneller, und in kurzem Handgemenge töteten sie einige der feindlichen Indianer und nahmen den Sohn des Häuptlings Viele Coups gefangen. Vor die Entscheidung gestellt, entweder zu sterben oder über den Zug der Krähen zu berichten, gestand der Absaroka, daß sie von einem Besuch in Fort Lincoln zurückkehrten.
«Seit wann suchen rote Krieger die Mila hanska in ihren steinernen Tipis auf?» herrschte Tashunka Witko den Krähen an.
Der Junge zauderte.
«Sprich, oder du bist des Todes!»
«Häuptling Viele Coups und Curley brachten den Mila hanska Nachrichten von den Dakota», stotterte zitternd der Gefangene.
Der Oglala wandte sich verachtungsvoll ab. «Laßt den Hund laufen. Nicht *wir* wollen als erste Indianerblut vergießen.»
Nach Anhören der beiden unheilvollen Berichte sandte Häuptling Sitting Bull sofort Boten an die Verbündeten und empfahl ihnen, ihr Winterlager nach Möglichkeit in die Big Horn Mountains zu verlegen. Er wollte die Stämme nahe beieinander haben.
Auch die Hunkpapa zogen südwärts und schlugen am Yellowstone ihre Zelte auf.

*

Abgesehen von den üblichen Schießereien und Scharmützeln zwischen Roten und Weißen blieb die Grenze bis ins Frühjahr 1874 ruhig. Nach dem verunglückten Goldrush in die Black Hills hatten Regierung und Generäle die heftigsten Vorwürfe entgegennehmen müssen. Presse, Senat und Repräsentantenhaus wetteiferten in der Schärfe ihrer Anschuldigungen. Wohlverstanden, es ging nicht um die Rechte der Indianer. Im Gegenteil: Regierung und Armee wurden der Unfähigkeit geziehen, ein Unternehmen wie die Besitzergreifung der Black Hills richtig durchzuführen. Nun rächte sich die zweideutige Politik der Regierung in Washington.

Zu Ehren der Weißen muß aber festgestellt werden, daß es unter ihnen einige – allerdings in hoffnungsloser Minderzahl – gab, die sich für die Interessen der Rothäute einsetzten und die Behörden aufforderten, den Frieden von 1868 zu bewahren.

Im Frühling 1874 erhielt General George Armstrong Custer, Kommandant des 7. US-Kavallerie-Regiments, vom Kriegsdepartement in Washington Befehl, eine «Forschungsreise» nach den Black Hills zu unternehmen und insbesondere zu untersuchen, ob die gemeldeten Goldvorkommen als lohnend bezeichnet werden konnten. Je nach den Berichten Custers gedachte die Regierung dann ihre weitere Indianerpolitik festzulegen. Der General wurde ermahnt, einem Zusammentreffen mit den Sioux tunlichst auszuweichen und sich wenn immer möglich auf keine Feindseligkeiten einzulassen.

Ein solcher Auftrag kam dem draufgängerischen Reiterführer gerade recht. Mit 1200 Mann und hundertzehn Wagen drang er in die Schwarzen Berge ein.

Sitting Bull wurde über die Bewegung der Truppe ständig auf dem laufenden gehalten. Dieser offene, schamlose

Vertragsbruch durch die Weißen erregte den Häuptling maßlos. Aber noch war er mit seinen Vorbereitungen nicht soweit, um den Mila hanska eine entscheidende Schlacht liefern zu können. Aus diesem Grund schickte er den Santeeführer Tauasuota mit einer Gruppe Krieger in die Black Hills, um mit den Weißen zu unterhandeln und sie auf friedlichem Wege zum Verlassen des Indianerlandes aufzufordern.

An einem späten Nachmittag stieß Tauasuota auf das Regiment. Die Kavalleristen lagerten in einem weiten, von steilen Felswänden umgebenen Talkessel. Schwadronsweise aufgeteilt, reihte sich Zelt an Zelt. Allenthalben stieg Rauch in die Höhe; die Soldaten schienen mit der Zubereitung ihres Abendbrotes beschäftigt. Nahe beim Talausgang, unter einer Gruppe weitausladender Bäume, war eine Art Baldachin errichtet, unter dem General Custer mit seinem Stab einem gemütlichen Lagerleben huldigte. Keine Wagenburg, keine Schildwachen, keine Sicherungsstreifen – sorgloser konnte man sich in Feindesland wohl kaum benehmen! Pshaw, Custer verachtete die Indianer und fühlte sich ihnen himmelhoch überlegen.

George Armstrong Custer war im nordamerikanischen Bürgerkrieg vom Leutnant bis zum Brigadegeneral aufgestiegen. Seine glanzvolle militärische Laufbahn kannte keine Niederlagen, nur leuchtende Siege. Er war ein Kriegsheld, bevorzugt und verwöhnt von der Ruhmesgöttin. Daß er, mit dem Rang eines Generalleutnants ausgezeichnet, nur ein Regiment kommandierte, ist auf die noch heute geltende Verordnung in den Vereinigten Staaten zurückzuführen, wonach ein im Kriege rasch beförderter Offizier nach Friedensschluß wieder jenes Kommando einzunehmen hat, das seinem Alter und den in Friedenszeiten

üblichen Beförderungsvorschriften angemessen ist. Custer war also Regimentskommandant im Range eines brevetierten Generals.
Die Untergebenen aller Grade liebten indessen ihren Befehlshaber nicht sonderlich. Er behandelte sie mit äußerster Strenge und pflegte auch geringfügige Vergehen mit harten Strafen zu ahnden. Sich selbst und seinen auserwählten Freunden gegenüber zeigte er aber eine geradezu auffallende Nachsicht. Zudem war Custers Überheblichkeit sprichwörtlich, und das hochfahrende Wesen des blondlockigen Kriegshelden brachte ihn nicht selten in schroffen Gegensatz zu seinen übergeordneten Chefs.

*

In gehobener Stimmung saß der General vor seinem prunkvoll eingerichteten Zelte. Um ihn herum war eine auserlesene Gesellschaft von Herren und Damen versammelt. Da saßen und standen in zwanglosem Geplauder der Major Marcus A. Reno, die Captains Tom Custer, C.W. Yates, F.W. Benteen und M.W. Keogh, die Leutnants W.W. Cook, Custers Adjutant; James Calhoun, Custers Schwager und Autie Reed. Neben dem Regimentskommandanten saß sein zweiter Bruder Boston. Dieser trug Zivilkleidung; er war als Zeitungsberichterstatter tätig und hoffte, bei George und Tom Abenteuer und Sensationen zu erleben. Natürlich hatte der General auch seine und seiner Offiziere Frauen mitgenommen. Die Damen wußten diesen «wundervollen Ausritt» des Regiments sehr zu schätzen, denn das ewige Einerlei in der Garnison langweilte die lebenslustigen Ladies tödlich.
Ordonnanzen hatten feurigen Wein und leckere Gerichte aufgetragen. Fröhliche, um nicht zu sagen ausgelassene

Stimmung bemächtigte sich der Gesellschaft. Witze flogen hin und her, lockere Liedlein wurden gesungen, man amüsierte sich köstlich.
«Sie haben uns doch den Anblick richtiger Indianer versprochen, General», flötete eine kokette Frauenstimme, «ich fürchte, wir müssen zurückkehren, ohne auch nur die Spur eines Wilden gesehen zu haben.»
Dröhnend lachte Custer auf und schlug sich vor Vergnügen auf die Schenkel. «Gemach, my Lady, noch ist nicht aller Tage Abend. Sie werden bestimmt nicht zu kurz kommen. Ich hoffe, Ihnen eigenhändig ein Schock Skalpe überreichen zu können, hahaha!»
Die ganze Gesellschaft quittierte diesen «Scherz» mit lautem Beifall, und die Damen spürten sogar ein angenehmes Prickeln auf ihrer Haut.
Es war, als ob der General mit seinen übermütigen Worten die so sehnlichst erwarteten Indianer herbeigerufen hätte, denn vom Taleingang her, wo Renos Abteilung lagerte, erscholl plötzlich lautes Rufen. Aufmerksam geworden, beobachteten Custer und seine Gesellschaft, wie die Soldaten eilends nach ihren Karabinern griffen. Brüsk stellte der General sein Weinglas auf den Tisch. «Reno, sehen Sie zu, was los ist.»
«Zu Befehl, Sir!»
Aber ehe der Major seinen Säbel angeschnallt hatte, kam ein Sergeant atemlos gelaufen und meldete: «Drei Indianer kamen herangeritten und wünschen den ‹General Langhaar› zu sprechen, Sir.»
Custer wandte sich lächelnd an die Dame von vorhin. «My Lady werden in wenigen Minuten Ihren sehnlichsten Wunsch erfüllt sehen.»
Aufgeregt preßte die Dame ihr Taschentüchlein. «Oh, wie aufregend, General!»

«Man führe die Roten zu mir», gebot Custer dem Unteroffizier. Dieser entfernte sich. Rasch ließ der General seinen Sessel mitten unter das Vordach des Baldachins stellen, damit er fremden Augen deutlich als der Höchstkommandierende zu erkennen war. Nun tauchten die drei Indianer auf. Umgeben von bewaffneten Soldaten ritten sie auf den Posten des Befehlshabers zu. Es war Tauasuota mit zweien seiner Krieger. In angemessener Entfernung von Custer zügelte der Häuptling seinen prächtigen rot und weiß gefleckten Hengst. Grüßend hob er seine Rechte. Der General schien sich dessen nicht zu achten und beschäftigte sich mit seinen Handschuhen. Ein düsterer Schatten flog über des Indianers Gesicht. Nach einer Weile blickte der Offizier auf, sah sich suchend um und winkte einem Kundschafter. Es war California Joe.
«Joe, sagt dieser Rothaut, daß ich gewöhnt bin, nur mit stehenden oder gebunden am Boden liegenden Indianern zu sprechen.»
Der Kundschafter zögerte, und da schnitt ihm der Häuptling auch schon zornbebend die Rede ab. «Tauasuota beherrscht die Sprache des weißen Mannes. General Langhaar hüte seine Zunge. Der Häuptling der Sioux ist nicht gesonnen, sich beleidigen zu lassen.»
Custer streckte seine langen Beine, gähnte herzhaft und antwortete: «Desto besser. Nun steige aber schleunigst vom Gaul herunter. Na, wird's bald!»
Bewundernd ruhten die Blicke der Damen auf dem mutigen General. California Joe aber schüttelte besorgt den Kopf und kratzte sich unter seiner Biberfellmütze. «Wenn diese Geschichte nur gut ausgeht!»
Der tödlich beleidigte Häuptling blieb dieser Herausforderung gegenüber stumm. Er begriff, daß der Weiße sich überhaupt in kein Gespräch mit ihm einlassen wollte. Mit

einer Handbewegung riß er den Hengst herum, seinen Gefährten ein Zeichen gebend. Augenblicklich sprang Custer auf. «Runter mit den Indsmen von ihren Pferden! Bindet die Kerle!»
Im Nu hingen die Soldaten an Zügel und Fellsattel. Kräftige Fäuste packten die Sioux und rissen sie zu Boden. Rasch wurden ihnen die Arme auf die Rücken gedreht und gefesselt.
Tief atmend, mit haßsprühenden Augen standen die wehrlosen Indianer vor Custer.
«So, jetzt gefällt ihr mir schon besser», und zu den Soldaten gewandt, «bindet die drei fest an die Bäume. Wir haben da eine Dame unter uns, die diese Wilden aus nächster Nähe betrachten möchte!»
Pflichtschuldigst grinsten die Männer und schickten sich an, den Befehl auszuführen. Da riß sich Tauasuota mit aller Kraft los. Gellend stieß er den Kriegsruf aus und stürzte sich auf den General. Ein Schuß! Der Häuptling wankte und stürzte schwer zu Boden. Die zwei Krieger wanden sich verzweifelt unter den eisernen Griffen. Vergebens. Rasch waren sie an die Baumstämme gebunden.
Gelassen steckte California Joe den noch rauchenden Colt-Revolver wieder in den Gürtel. Mitten in die Brust hatte er den Häuptling getroffen. Ein blutiges Rinnsal rötete dessen weiß gegerbtes Oberhemd. Custer, nun doch etwas bestürzt und bleich geworden, winkte einigen Soldaten. «Schafft den da weg!»
Die Kavalleristen faßten den Schwerverwundeten und schleiften ihn fort.
Der Regimentskommandant war immerhin erfahren genug, die Folgen des von ihm verschuldeten Zwischenfalles ahnen zu können. Sofort ließ er die Schwadron unter die

Waffen treten und das Lager in Verteidigungszustand setzen. Noch während er seine Befehle erteilte, knallten plötzlich eine Reihe von Schüssen.
«Was zum Teufel ist denn jetzt schon wieder los?» schrie der General ungeduldig. Cook, der Adjutant, lief dem aufgeregten Getümmel entgegen. Nach einer Weile kehrte er zurück. «Der sterbende Häuptling», berichtete er, «bat die Soldaten, die ihn fortgeschleppt hatten, näher zu treten, er habe ihnen noch etwas Wichtiges zu sagen. Neugierig beugten sich die Männer über ihn, darunter die Leutnants Pennington und Lee. Mit schwacher Stimme soll der Rote gesagt haben: ‹Ich werde in die Jagdgründe meiner Väter eingehen, aber ich muß noch Begleitung mitnehmen!› Ehe Offiziere und Soldaten aus diesen Worten klug geworden seien, habe sich der Sioux unter Aufbietung aller Kräfte aufgerichtet. Man hat zwar sofort auf ihn geschossen, Sir, aber die Leutnants, da sie ihm am nächsten standen, wurden trotzdem von seinem Messer, das er blitzschnell aus seinem Gürtel gerissen habe, tödlich getroffen.»
General Custer fuhr mit zwei Fingern zwischen Uniformkragen und Hals. Ihm war schwül zumute geworden.

*

Der Expeditionsbericht lautete günstig. Die Black Hills bargen große Goldschätze, deren Ausbeutung interessant schien. Nun begann die Regierung zu handeln. Im Sommer 1875 wurde am White River in Nord-Nebraska eine Konferenz mit den Indianern einberufen. Den Häuptlingen unterbreitete man den Vorschlag, gegen eine Kaufsumme von sechs Millionen Dollars die Black Hills an die Weißen abzutreten. Empört lehnte Sitting Bull ab, und die Konferenz scheiterte. Da beschloß die Regierung, den Vertrag von 1868 als null und nichtig zu erklären und die weitere Entscheidung den Waffen zu überlassen. Endlich erhielten die Generäle die schon längst geforderte Handlungsfreiheit!

Mit Mann und Roß und Wagen

Mit dem Messer, scharf geschliffen
Von des Feindes Kopf
Rasch mit drei geschickten Griffen
Schälte Haut und Schopf.

Schiller, Nadowessiers Totenlied

Zeitgenossen dieser Epoche konnten sich nicht erinnern, in Nordamerika je einmal einen so strengen und harten Winter erlebt zu haben, wie jenen von 1875–76. Meterhoch lag der Schnee, und das Quecksilber zeigte wochenlang ununterbrochen eine Kälte von dreißig bis vierzig Grad unter Null an. Fürchterliche Schneestürme tobten in Montana und Wyoming. Menschen und Tiere mußten entsetzliche Qualen erdulden.

Sitting Bull wohnte mit seinem Stamm am Yellowstone-River, die Oglala nahe der Nordgrenze des heutigen Staates South Dakota, und die Cheyenne hatten ihre Tipis am Powder-River aufgeschlagen. Die Winterlager der anderen Stämme befanden sich teils am Tongue-River, teils in den östlichen Ausläufern der Big Horn Mountains.

Der bittere Winter kam den Reitergenerälen eben recht. Schnee und Frost erhöhten ihre Chance, die «rebellischen» Indianer zu überfallen und vernichtend zu schlagen.

Der Oberkommandierende an der westlichen Grenze, General Sheridan, erließ an alle Häuptlinge den Befehl, bis am 31. März 1876 mit ihren Stämmen in eigens für sie vorbereitete Reservationen zu ziehen und sich der Regierung in Washington zu unterwerfen. Sheridan wußte genau, daß dieser Befehl unter den herrschenden Umständen nicht durchzuführen war. Sitting Bull ließ den General George Crook, der ihm Sheridans Aufforderung übermittelte, wissen: «Du kannst mich jederzeit finden, und du brauchst dazu auch keine Führer. Ich werde nicht davonlaufen!» Wildes Pferd, der Oglala, berichtete an die Adresse des gleichen Generals: «Selbst wenn ich wollte, könnte ich jetzt nicht fortziehen. Aber ich will gar nicht. Dein Befehl heißt Krieg, und wenn du Krieg haben willst, so komme zu mir!»

Andere Häuptlinge antworteten überhaupt nicht, aus dem einfachen Grunde, weil der Befehl Sheridans gar nie bis zu ihnen gelangte. Die Generäle frohlockten. Nun hatten sie einen Grund, um ein für allemal mit den Indianern abzurechnen.

Immer noch hielt der Winter das Land in eisigen Fesseln, als Crook am 1. März 1876 als erster den Feldzug eröffnete. Mit mehr als 1000 kriegsgewohnten Reitern verließ er Fort Fetterman, um den Häuptling Wildes Pferd für seinen Ungehorsam zu züchtigen. Roß und Reiter hatten von Anfang an unvorstellbare Strapazen zu erdulden. Nacht für Nacht sank das Thermometer bis auf vierzig Grad unter Null. Aber Crook, selber ein abgehärteter, wetterfester Haudegen, kannte keine Rücksichten. Unermüdlich peitschte er seine Reiter vorwärts, einem ungewissen Schicksal entgegen.

Er erreichte den Powder-River, ritt von dort zum Tongue. Erst nach tagelangem vergeblichem Suchen fand er endlich eine zuverlässige Fährte, die auf Indianer schließen ließ. Ohne Ruhe, ohne Rast mühten sich die Reiter durch den meterhohen Schnee. Die Spannung stieg, als die vorausgesandten Krähenkundschafter unmittelbar vor Einbruch der Nacht auf das gesuchte Dorf stießen.

General Crook verlor keine Zeit. Seinem Unterführer

Oberst J.J. Reynolds, gab er Auftrag, mit 600 Reitern das feindliche Lager anzugreifen, zu vernichten und den Häuptling Wildes Pferd gefangen zu nehmen.
Die Oglala hielten sich in ihren Tipis auf, als das Unheil über sie hereinbrach. Im Nu war das Dorf überrumpelt. Plötzlich näherten sich von allen Seiten ganze Haufen johlender Kavalleristen. Mit Schnaps hatte man sie aufgepeitscht, und nun drangen sie brüllend und schießend in das Lager hinein, ritten mit ihren wild gewordenen Pferden die leichten Tipis zusammen, schlugen und feuerten auf jedes Lebewesen, das ihnen vor Hufe und Flintenläufe geriet. Ein grausames Gemetzel hub an, dem vor allem Frauen und Kinder zum Opfer fielen. Nur um Haaresbreite entging der Häuptling dem gleichen Schicksal. Rasend vor Wut und Zorn über den feigen Überfall, nur mit Streitaxt und Messer bewaffnet, erwehrte er sich des übermächtigen Feindes. Aber bald erkannte der kriegsgeschulte Sachem, daß die Indianer trotz tapfersten Widerstandes in diesen Einzelkämpfen unterliegen mußten. Mit gellenden Rufen dirigierte er seine Krieger auf den bewaldeten Hügelzug, zu dessen Füßen das brennende Dorf lag. Noch etwa zweihundert Männer und Jünglinge, viele von ihnen bereits aus zahlreichen Wunden blutend, scharten sich um ihren Häuptling.
Oberst Reynolds war die Absetzbewegung Tashunka Witkos entgangen. Wie seine Soldaten hatte auch ihn ein besinnungsloser Blutrausch gepackt. Mit gezogenem Säbel tobte er auf dem Schlachtfeld herum. Was kümmerte es ihn, daß die Bande der Disziplin und die Kraft seiner Befehlsgewalt deswegen vor die Hunde gingen! Blut und Feuer, Geschrei und Gestöhn hatten den sonst vernünftigen und klar denkenden Offizier seiner Sinne beraubt und ihn zu einem reißenden Raubtier entwürdigt. Desto kühler

und nüchterner beurteilte sein roter Gegenspieler, den er auf Geheiß Crooks hätte gefangen nehmen sollen, die Lage. Der kluge Häuptling sah, wie die Blauröcke den Händen ihrer Offiziere entglitten und nur noch ihren eigenen Trieben gehorchten. Er erkannte die für ihn günstige Gelegenheit und schlug zu.
Die geballte Kraft des indianischen Gegenangriffes traf die überraschten Soldaten mit voller Wucht. Zu keiner geschlossenen Gegenwehr mehr fähig und blind vor Angst, fluteten die Kavalleristen regellos zurück. Hart stießen die rachedürstenden Oglala nach, und bald wandelte sich die Rückwärtsbewegung der Mila hanska in eine kopflose Flucht. Grauengeschüttelt, mit flackernden Augen stürmten die Reiter in die wartenden Reservetruppen Crooks hinein und rissen auch diese mit. Vergeblich wütete der General, vergeblich zerschlug er seinen Säbel auf dem Rücken der Fliehenden. Gegen diese Masse furchtgeschüttelter Soldaten konnte auch dieses unerschrockene Rauhbein nichts ausrichten.
Häuptling Wildes Pferd hatte blutige Rache genommen. Mehr als die Hälfte der Reynoldschen Truppen lag steif und starr im Schnee. Rund zweihundert Pferde, vierhundert Gewehre und gewaltige Mengen Munition wurden von den Oglala erbeutet. Mit zusammengepreßten Lippen bestatteten die Indianer ihre Gefallenen. Manchem narbenbedeckten Krieger rannen angesichts seiner leblosen Angehörigen die Tränen über das Angesicht.
Nachdem sie ihrer traurigen Pflicht Genüge getan, wandten sich die Sioux gen Sonnenuntergang ... Sitting Bull erhielt einige hundert fanatische Feinde der Bleichgesichter und tapfere Kämpfer mehr. Aus ihnen und aus den zuverlässigsten Kriegern der Hunkpapa formierte der Oberhäuptling seine berühmt gewordene Leibgarde der

«Starken Herzen», die an allen späteren Treffen gegen die Weißen so großen Anteil hatte.
General Crook schäumte vor Wut über diese schmachvolle Niederlage. Berstend vor Tatendrang und erfüllt von Siegeszuversicht war er ausgezogen. Klein und häßlich kehrte er mit seiner dezimierten Truppe wieder in Fort Fetterman ein. Oberst Reynolds wurde dem Kriegsgericht übergeben.

*

Die Zeitungen des Ostens überschütteten die Generäle mit Hohn und Spott. «Dummköpfe» und «Hasenfüße» waren noch von den zarteren Ausdrücken, die sie sich gefallen lassen mußten. *Einem* General hingegen hüpfte das Herz vor Schadenfreude: George Armstrong Custer! Dieser temperamentvolle Offizier hatte sich wieder einmal mit seinen Vorgesetzten entzweit und sich sogar den damaligen Präsidenten der Vereinigten Staaten, Grant, zum Gegner gemacht. Und nur deswegen, weil er die Ehre des ersten Schlages gegen die Sioux für sich beansprucht hatte. Daß man höheren Orts hingegen seinem persönlichen Nebenbuhler Crook den Vorzug gab, ließ dem ehrgeizigen Säbelhelden keine Ruhe. Jetzt aber kam ihm Crooks Unglück geradezu paß, und er verfehlte nicht, den Präsidenten und den Obergeneral nochmals gebührend auf seine eigene Person aufmerksam zu machen. Dieses selbstsüchtige Herausstreichen und Rühmen brachte Custer keinen Erfolg. Im Gegenteil! Grant ließ Sheridan wissen, daß Custer in den bevorstehenden Operationen gegen die Roten keinesfalls ein hohes Kommando erhalten dürfe. Sheridan, der dem blondlockigen Heißsporn sehr zugetan war, verwünschte diesen Bescheid aus Washington, aber er mußte sich fügen. So kam es, daß anfangs Juni 1876, als der große

Feldzug gegen die Indianer seinen Anfang nahm, General Crook zum zweitenmal dazu ausersehen wurde, den ersten Schlag zu führen.

Crook, der General mit dem großen Vollbart, galt im übrigen als ausgezeichneter Truppenführer, dem auch gewisse menschliche Vorzüge nicht abgesprochen werden konnten. Wie alle seine Kameraden liebte er die Indianer nicht besonders, und er kannte keine Hemmungen, ihm übertragene Befehle buchstabengetreu auszuführen. Damit hatte es aber sein Bewenden. Er quälte den besiegten Feind nicht, sondern zeigte Verständnis und sogar einen bestimmten Grad von Hilfsbereitschaft. Aber jetzt brannte die Niederlage gegen Wildes Pferd in seinem Herzen, und ungeduldig sehnte er eine Gelegenheit herbei, sich für das verlorene Treffen gründlich zu rächen. Ein wohlgewogenes Schicksal und Obergeneral Sheridan gaben ihm diese Chance, und Crook zögerte nicht, mit beiden Händen zuzugreifen.

Die Langmesser reiten wieder

Siegen oder sterben, meine Brüder!
Es bleibt uns keine andere Wahl.

General Sheridan ließ sich durch die Niederlage des Crookschen Korps nicht von seinen Plänen abbringen. Zäh und methodisch bereitete er den Feldzug gegen die Indianer vor. Anfangs Juni meldete er dem Präsidenten Grant die Bereitschaft der Armee. Der eigentliche Krieg konnte beginnen!
Eine gewaltige Streitmacht war gegen die Sioux und deren Verbündete aufmarschiert. Im Zentrum, aus Fort Lincoln in Nord-Dakota herkommend, ritt General Alfred Terry mit rund 2000 Mann nach dem Yellowstone-River, wo der rote Feind vermutet wurde. Die Spitzentruppe Terrys bildete das von General George Armstrong Custer geführte 7. US-Kavallerie-Regiment. Von Norden, aus Fort Ellis in Montana, stieß der ebenfalls Terry unterstehende Oberst Gibbon mit etwa 1300 Mann vor, und die aus Wyoming anmarschierende Kolonne General Crooks zählte 1500 Soldaten, eingeschlossen die zugeteilten Krähen- und Shoshonindianer. Alles in allem mußte Häuptling Sitting Bull mit rund 5000 Soldaten rechnen, die sich, einem dreigezackten Speer ähnlich, gegen ihn in Bewegung setzten.
General Sheridan war ein kluger und vorsichtig operierender Feldherr. Um gegen jede Überraschung gesichert zu sein, schickte er ein weiteres Korps unter General E. A. Carr südwärts in die Gegend des North Platte-River in Nebraska. Aufgabe Carrs war es, jede Verbindung Sitting Bulls mit den südlichen Cheyenne zu verhindern. Schließ-

lich hielt Sheridan noch den General Nelson A. Miles mit einem verstärkten Kavallerie-Regiment in Reserve. Mit Recht durfte der Obergeneral zuversichtlich sein. Nach seinem Ermessen hatte er alles vorgekehrt, um im bevorstehenden Waffengang den Sieg an seine Fahnen zu heften. Führung und Truppe waren im Indianerkrieg erfahren und vorzüglich bewaffnet und ausgebildet. Die Soldaten brannten darauf, mit den Rothäuten ins Gefecht zu kommen.

*

Sitting Bull sah dem gewaltigen Aufmarsch seiner Feinde nicht untätig zu. Als Tashunka Witko nach dem Kampfe gegen Reynolds mit dem Rest der Oglalakrieger in das Lager der Hunkpapa zog, wurde dem Oberhäuptling offenbar, daß die Stunde der Entscheidung nahte. Unverzüglich ließ er Boten an alle verbündeten Stämme abgehen und forderte die Häuptlinge auf, ihre Dörfer so schnell als möglich in das Tal des Little Big Horn-River zu verlegen. Weitere Boten wurden zu den im südlichen Wyoming, in Nebraska und Colorado wohnhaften Stämmen der Cheyenne gesandt, um auch diese Indianer zur Teilnahme am Krieg gegen die verhaßten Mila hanska zu bewegen.
Als der Sommer ins Land kam, waren die Sioux, die nördlichen Cheyenne und die Arapaho vollzählig im Little Big-Horn-Tal versammelt. Rund 900 Sippen mit insgesamt 2000 Kriegern standen nun unter dem Befehl des Oberhäuptlings Sitting Bull. Die südlichen Cheyenne hatten Bericht gegeben, daß sie sich in Marsch setzen und am Krieg teilnehmen würden.
In starken Schwärmen streiften indianische Horden über den Powder- und Tongue-River, stießen bis gegen die Black Hills vor, jede Bewegung der Blauröcke beobach-

tend. Diese Späher sicherten das Lager und hielten Sitting Bull ständig über die Absichten des weißen Feindes auf dem laufenden. Auch die rote Spionage klappte vorzüglich. Parteigänger der Sioux hielten sich in den Forts und in den Lagern der Truppen auf und übermittelten laufend wichtige Wahrnehmungen. Das alles spielte sich buchstäblich unter den Augen der Soldaten ab. Aber weder die Offiziere noch ihre Leute dachten je daran, daß der rote Mann fähig wäre, mit den gleichen Methoden zu arbeiten wie ihr eigener Nachrichtendienst, der übrigens den Indianern gegenüber völlig versagte. Rauchsignale, die weder Kundschafter noch Offiziere zu deuten wußten, leiteten die Nachrichten der roten Späher und Spione mindestens so schnell weiter wie der Telegraphen- und Blinkdienst die Berichte der Weißen. California Joe fluchte sich deswegen beinahe die Seele aus dem Leibe. Die ganze Art der indianischen Kriegführung erschien ihm plötzlich ungewohnt und unverständlich. «Verdammt, Sir», äußerte er einmal General Terry gegenüber, «ich kenne mich mit den Rothäuten nicht mehr aus. Seit Jahrzehnten lebe ich in enger Tuchfühlung mit ihnen, und jetzt ist mir alles, was sie tun, so unklar und unbegreiflich. Habe beinahe das Gefühl, als ob ein weißer Offizier bei denen kommandieren würde. Bin fest davon überzeugt, daß die Indsmen einen jeden unserer Schritte beobachten, was uns – zu meiner Schande sei's gesagt – bis jetzt ihnen gegenüber nicht gelungen ist.»

Terry lächelte belustigt. Er teilte die Besorgnis des berühmten Kundschafters nur halbwegs. «Pshaw! Regt Euch deswegen nicht auf, Joe. Laßt die Sioux ihre Rauchfeuerlein abbrennen. Wird ihnen nicht viel nützen, kalkuliere ich. Noch nie, seit Weiße und Rote miteinander Krieg führen, sind so gute und tadellos bewaffnete Soldaten im

Felde gestanden wie diesmal. Wir haben den alten Räuber Sitting Bull schon jetzt im Sack. Brauchen nur zuzudrehen, verlaßt Euch darauf, Mann!»
California Joe schüttelte besorgt sein Lockenhaupt.
«Weiß nicht, General, weiß nicht. Hoffe nur, daß Ihr mit Euren Prophezeiungen recht habt.»
Im Juni 1876 eröffnete General Crook den Feldzug. Bevor er aus Fort Fetterman abmarschierte, ließ er die ihm unterstellten Truppen und Indianer vor sich defilieren. Links und rechts von ihm saßen der Shoshonihäuptling Washakie und der Krähenhäuptling Viele Coups auf ihren gefleckten Pferden. Auf ein Zeichen Crooks begann die Musikkapelle des Forts mit den übermütigen, anfeuernden Weisen des «Yankee Doodle», und nun ritt Schwadron um Schwadron vor dem General und den Indianerhäuptlingen vorbei. Neu eingekleidet, wohl formiert und ausgerichtet, vermittelten die Soldaten ein prächtiges Bild militärischer Macht.
Unmittelbar hinter den Schwadronen brausten mit Geheul und Gejohle die Scharen der indianischen Hilfstruppen heran. Welch ein Gegensatz zu den Soldaten! Auf mageren, scheckigen und struppigen Ponys saßen die halbnackten Krieger, als seien sie mit ihren Tieren verwachsen. Viele der Roten hatten reguläre Uniformstücke angezogen. Crook konnte ein spöttisches, beinahe widerwilliges Lächeln nicht verbergen. Da trugen einige nach der Art der Leggings nur die blauen, mit je einem breiten gelben Streifen geschmückten Uniformhosen. Wieder andere hatten sich Käppis auf die langen, fettigen Haare gestülpt, und der Rest trug Uniformröcke, aus denen vorher die Ärmel entweder ganz entfernt oder nur zur Hälfte abgeschnitten worden waren.
Alle hatten ihre Gesichter auf das Scheußlichste bemalt, und in ihrer Gesamtheit boten sie einen ebenso lächerli-

chen wie graueneinflößenden Anblick. General Crook schüttelte sich. Er liebte peinliche Ordnung und scharfe Disziplin. Allein schon deswegen bereitete ihm der Anblick dieser Horden sichtliches Unbehagen. Aber um nichts in der Welt hätte er auf die Unterstützung durch die Indianer verzichten wollen.
Stumm, ohne Bewegung, hatten die beiden Häuptlinge dem Vorbeimarsch der Mila hanska zugesehen. Erst als die lanzenschwingenden roten Krieger heranstürmten, blitzte es in ihren Augen auf. Crook verbarg sein Gefühl des Widerwillens und wandte sich leutselig an Washakie und Viele Coups.
«Die tapferen Krieger meiner Brüder werden eine Menge Skalpe erbeuten. Ich bin froh, solche Kämpfer unter meinem Kommando zu wissen.»
Washakie entgegnete kurz: «Wir hassen die Sioux, aber die Krieger der Absaroka und der Shoshoni schätzen den Skalp eines Watschitschun höher als die Kopfhaut des roten Mannes.»
Diese zweideutige Antwort verstimmte den General. Ärgerlich kaute er an seinem Schnurrbart. Er gab seinem Pferde die Sporen und ritt, gefolgt von den Häuptlingen und dem Stab, zum Fort hinaus an die Spitze der Truppen.

*

Häuptling Sitting Bull erhielt Nachricht von Crooks Aufbruch. Durch den Ausrufer ließ er alle seine Unterführer im Ratszelt versammeln. Zuversichtlich musterte er die kraftvollen Gestalten, die gleich ihm bereit waren, sich für ihre Freiheit zu opfern. Diesen Männern konnte er vertrauen, und hinter ihnen stand die größte indianische Streitmacht, die je einem Häuptling gehorcht hatte. Unbeugsa-

mer Kampfeswille und unerschütterliche Treue leuchteten aus ihren Augen. Verzehrender Haß gegen die wortbrüchigen Weißen ließ ihre Herzen erglühen.
Die dunkle, alles bezwingende Stimme Sitting Bulls erfüllte den Raum: «Meine Brüder! So wie die feigen Wölfe den Büffelstier einkreisen, so marschieren die Mila hanska von allen Seiten gegen die verbündeten Stämme der Indianer. Nicht mehr ferne ist der Tag, wo wir an der Spitze unserer Krieger zum großen Kampfe gegen die Blauröcke antreten müssen. Bald wird sich erfüllen, was Wakan tanka uns verheißen hat: ‹Täler und Hügel werden blau sein von den Leichen der erschlagenen Soldaten!›
Von Mittag her marschiert der General mit dem Großen Bart (Crook) in unsere Gegend, und von Sonnenaufgang her nähert sich General Langhaar (Custer). Keiner dieser weißen Häuptlinge darf unsere Dörfer erreichen. Wir müssen sie schlagen, bevor ihre Truppen sich einigen können. Hört:
Meine Brüder Stumpfes Messer, Zwei Monde und Kleiner Wolf schützen mit ihren tapferen Kriegern das Lager im Talgrunde. Die Häuptlinge und Krieger aller übrigen Stämme reiten nach dem Rosebud-River. Dort bereiten sie einen Hinterhalt und erwarten die Soldaten des Generals mit dem Großen Bart. Wenn die Langen Messer geschlagen sind, kehrt ihr sofort zurück, denn auch der General Langhaar ist begierig, die Schärfe unserer Waffen zu spüren. Habt ihr verstanden, Brüder?»
«Ho, ho, ho!» antworteten die Häuptlinge.
«Es ist gut!»
Da erhob sich Häuptling Gall und trat vor Sitting Bull.
«Wird Tatanka Yotanka seinem Bruder Gall die Leitung des Kampfes gegen den General mit dem Großen Bart anvertrauen?»

Breitspurig, antwortheischend stand der riesige Hunkpapa vor dem Oberhäuptling.
Bevor indessen Sitting Bull zu Worte kam, drängte Tashunka Witko ungestüm nach vorne. Mit haßsprühenden Augen, lodernd vor Wut und Kampfesbegierde rief er:
«Gall ist ein tapferer Krieger. Aber nicht er, sondern der Oglala wird die verbündeten Indianer gegen den General führen. Tashunka Witko hat das Blut seiner getöteten Brüder und Schwestern zu rächen. Gall wird mich verstehen. Tatanka Yotanka mag jetzt entscheiden.»
Sitting Bull schien zu überlegen. Prüfend blickte er die beiden Krieger an. Die Spannung wuchs. Mit fester Stimme erteilte er dann seine Antwort.
«Tatanka Yotanka hat von Anfang an die Absicht gehabt, dem Oglala die Führung des Kampfes zu übertragen. Tashunka Witko ist dem Großen Bart schon einmal gegenüber gestanden und hat ihn geschlagen. Er wird ihn noch ein zweitesmal besiegen.»
Gall schluckte seine Enttäuschung herunter und trat zurück. Nochmals forderte Sitting Bull die Häuptlinge auf, sich für die Entscheidung bereit zu halten.
Als sich die Schatten der Nacht langsam und unerbittlich über das große Indianerdorf ausbreiteten, brachen die Krieger auf. Hinter Tashunka Witko ritten 1500 bemalte und federgeschmückte Kämpfer südwärts dem weißen Feinde entgegen.

*

Strahlend brach der Morgen des 17. Juni an. Die Sonne schoß ihre glühenden Pfeile gegen die Spitzen und Gipfel der Big Horn Mountains. Etwa um die achte Stunde traf General Crook auf die indianische Streitmacht am Rose-

bud. Plötzlich brach rings um die vordersten Truppen ein Höllenspektakel los. Zu Hunderten kamen die roten Krieger auf ihren scheckigen Gäulen gegen die Soldaten angeritten. Markerschütternd gellte der Skalpruf der Sioux.
General Crook war nicht so leicht zu erschüttern. Auch im Regen der Pfeile verließ ihn die Ruhe nicht. Sein geübtes Auge erkannte, daß die Sioux ihren Angriff zu früh ausgelöst hatten. Der Hinterhalt war meisterhaft angelegt und verriet die hohe Kriegskunst der Indianer. Hätte Wildes Pferd nur soviel Geduld aufgebracht, um zu warten, bis der letzte Blaurock in den Engpaß eingeschwenkt war! Keiner der Soldaten und der mit ihnen kämpfenden roten Hilfstruppen wäre mit dem Leben davongekommen! So rettete das ungezügelte Temperament des Oglalahäuptlings manchen Weißen vor dem fast sicheren Tode – und kostete die Sioux den vollständigen Sieg.
Mit dröhnender Stimme erteilte General Crook seine Befehle. Er beabsichtigte, seine vordersten Schwadronen leicht zurückzunehmen, um sie mit dem Rest des Regiments zu vereinigen. Sobald dieses Manöver ausgeführt, wollte er sich mit der Hauptmasse auf die Indianer stürzen und sie durch die Wucht des Angriffes überrennen.
In dem nervenzerreißenden Geheul und im Getümmel des Kampfes gingen die Worte des Generals verloren. Mit ohnmächtiger Wut mußte Crook zusehen, wie seine Leute neuerdings von besinnungsloser Angst gepackt wurden. Aus der von ihm angeordneten Rückzugsbewegung wurde eine wilde Flucht. Nur wenige Soldaten dachten an Gegenwehr. Wohin ihre entsetzten Augen blickten, sahen sie lauter scheußlich bemalte, heulende rote Teufel.
Grimmig galoppierte der General auf dem engen Kampfplatz hin und her. Verzweiflung bemächtigte sich seiner. Endlich stieß er auf die ihm zugeteilten Indianer.

«Los, tapfere Shoshoni und Absaroka!» brüllte er säbelschwingend. «Drauf auf die verfluchten Sioux!»
Glücklicherweise hatten sich Washakies und Viele Coups' Krieger von der Panik ihrer weißen Brüder nicht anstecken lassen. Standhaft erwarteten sie den Angriff der tollkühn heranjagenden Sioux und hielten ihn auf.
Seinen roten Hilfstruppen hatte Crook es zu danken, wenn es nicht zu einer vollständigen Katastrophe kam. Verbissen wehrten die Shoshoni und Krähen die immer neu anstürmenden Sioux und Arapaho ab und opferten sich, damit Crook die Reihen der Soldaten ordnen und neu formieren konnte.
Das Unglück war trotzdem groß genug. Reihenweise lagen die Langmesser erschlagen auf dem Felde, und zum zweitenmal mußte der General sich den Roten und ihrer Tapferkeit beugen. Die feindlichen Krieger zwangen ihn zum Rückzug, nur die verbündeten Krieger verhinderten seine völlige Vernichtung.
Den ganzen Tag über und während der darauf folgenden Nacht wurde erbittert gekämpft. Am zweiten Tag gab Crook den Kampf verloren und zog ab, noch lange verfolgt von den hartnäckigen Indianern.

General Custer

Ihr besteigt eure Pferde von links;
Weiße Männer steigen von links auf.

Kalt und klar war die Nacht vom 24. auf den 25. Juni 1876. Freundlich lächelte der Mond auf das schlummernde Indianerlager hinab. Vom Little Big Horn-River her webten dünne Nebelstreifen über Busch und Gras. Mit lautlosem Flügelschlag strich Hinakaja, die Eule, zwischen den im Mondlicht weiß schimmernden Zelten herum. Aufmerksam spähten ihre scharfen Lichter nach jagdbarem Kleingetier. Diesmal war aber keine Beute zu holen, und mit klagendem «U-hu-hu» verschwand der unheimliche Vogel im nahen Gehölz. Zwischen Fluß und den aneinandergereihten Zeltkreisen bewegte sich schattengleich die stattliche Pferdeherde. Lüstern nach süßem Fohlenfleisch schlichen freche Kojoten um die ruhenden und grasenden Ponys. Doch die sonst so neugierigen und tolpatschigen Füllen waren in der sorglichen Obhut ihrer Mütter, und den feigen Präriеräubern blieb nichts anderes übrig, als ihrer Enttäuschung mit Heulen und Bellen nachhaltig Ausdruck zu geben.

*

In dieser Nacht hatte der Krähenkundschafter Curley am Rosebud die langgesuchte Fährte der Sioux gefunden. General Custer, dessen Brüder Tom und Boston, der Adjutant Leutnant Cook und der Neffe des Generals, Leutnant Autie Reed, waren aus den Sätteln gestiegen und hörten

sich die Erklärungen Curleys an. Custer kniete neben dem Absaroka und untersuchte die Spuren gründlich. Als der Kundschafter seine Erläuterungen beendet hatte, erhob sich der General und klopfte dem Indianer auf die Schultern.
«Gut gemacht, Rothaut! Werde es dem Großen General melden. Bist ein tüchtiger Bursche.»
Mit einem vergnügten Lächeln auf dem vor Eifer und vom scharfen Ritt erhitzten Gesicht wandte er sich an die Umstehenden. Freudestrahlend boxte er Tom in die Seite.
«Na, was sagst du, Tom? General Custers Glück! Mein sprichwörtliches Glück! Unsere roten Bluthunde haben gut geschnüffelt. Da liegt die Fährte klar vor uns wie ein aufgeschlagenes Buch. Nun wird Sitting Bull etwas erleben! Innerhalb vierundzwanzig Stunden sind die Sioux ausgelöscht, und wir kehren als Sieger nach Fort Lincoln zurück. Ha-ha-ha, Boston, du wirst als erster die Nachricht von unserem Triumph in die Welt hinausposaunen können. Doch zur Sache, meine Herren. Cook! Holen Sie Reno und Benteen. Wollen rasch unser Vorgehen besprechen.»
Der Adjutant schwang sich in den Sattel und sprengte davon. General Custer zog ein ledernes Etui aus der Rocktasche, entnahm ihm eine Zigarre und steckte sie in Brand.
«Rauchst du, Tom?»
«Nein, danke!»
«Na, na, was hast du, Bruder? Schaust so trübselig in die Welt hinaus. Was ist los? Bin von den Offizieren meines Regiments nicht solche Gesichter gewöhnt.»
Der General hatte in komischem Ernste gesprochen. Aber Tom schien nicht zum Spaßen aufgelegt.
«Damned, General, mir ist eigentümlich zumute. Dieser Regengesicht spukt mir immer wieder im Kopf herum. Tag und Nacht läßt mir der Kerl keine Ruhe. Raubt mir sogar

den Schlaf. Bin weiß Gott kein Feigling, aber komme davon nicht mehr weg.»
«Pshaw! Weiter nichts? Dieser Regengesicht wird nicht mehr lange auf Gottes schöner Erde herumlaufen, verlaß dich darauf, Tom. Aber jetzt nimm Haltung an! Will keine Griesgrame um mich wissen!» Verächtlich schnippte der General die Asche von seiner Zigarre. Hufgeklapper wurde hörbar. Reiter kamen näher. Es war Cook mit Major Reno und Captain Benteen. Die Offiziere meldeten sich. Lässig erwiderte Custer den Gruß.
«Machen Sie es sich bequem, meine Herren. Cook, ist das Regiment aufgeschlossen? Gut! Geben Sie Befehl, daß man verpflegt und den Pferden Hafer vorschüttet. Haben einen harten Ritt vor uns. Nun, meine Herren, die Lage: Unser Regiment ist Vorhut der Gruppe Terry. Hinter uns folgt das 18. Infanterie-Regiment. Vom Yellowstone her stößt ‹Rotnase› Gibbon (volkstümlicher Übername des Obersten) gegen den Big Horn-River. Mein Auftrag von Terry lautet: ‹Wenn die Spur des Feindes gefunden, der Fährte folgen. Sie wird zweifelsohne nach dem Little Big Horn führen. Nach Süden rekognoszieren und sichern, um ein Entweichen der Sioux zu verhindern. Am Little Big Horn mit Gibbon Verbindung aufnehmen und mit ihm zusammen die Indianer einkesseln und vernichten.› – Das ist Terrys Auftrag. Nun, meine Herren, wir haben Sitting Bulls Spur gefunden. Und so wie ich die Lage beurteile, hat General Terrys Befehl für mich keine Gültigkeit mehr. Wir folgen der Fährte und erledigen die Sache mit den Sioux allein, wie seinerzeit am Washita!»
Erwartungsvoll und tatendurstig sah der General in die Gesichter seiner Untergebenen. Statt begeisterter Zustimmung begegnete er aber betretenem Schweigen. Da färbte jäher Zorn die Wangen Custers. Scharf fuhr er Reno an.

«Was ist los, Reno? Gebt Antwort, Ihr seid der Älteste. Behagt Euch mein Plan nicht?»
«General, was Ihr da vorhabt, ist wider den Befehl Terrys, unseres Vorgesetzten. Ich fürchte ...»
Mit einer Handbewegung schnitt Custer seinem Unterführer das Wort ab.
«Habt recht, Reno. Vergaß zu sagen, daß Terry mir vor Abmarsch des Regimentes ausdrücklich erklärte: ‹Wenn die Umstände günstig sind, handeln Sie nach eigenem Ermessen.› Mach' jetzt davon Gebrauch. Schätze nämlich, daß die Umstände noch nie so günstig waren wie gerade jetzt. Zufrieden, Reno? Zufrieden, meine Herren?»
General Custer hatte die Wahrheit gesprochen. Terry bestätigte später die Richtigkeit dieser mündlichen Bemerkung. Mit dieser Ergänzung zu seinem Befehl gab er dem Kommandanten der siebenten Kavallerie freie Hand. General Terry hegte unbegrenztes Vertrauen in Custer und schätzte ihn als kühnen, draufgängerischen und im Indianerkrieg erfahrenen Reiteroffizier. Er war froh und glücklich, diesen berühmten Kriegshelden und dessen ruhmreiches Regiment unter seinem Kommando zu haben und bemühte sich, dem launischen und ehrgeizigen General von Anfang an ein großes Maß an selbständigem Handeln zuzubilligen. Wenn er ihm Befehle zu erteilen hatte, tat er es in Form von Empfehlungen und kameradschaftlich gehaltenen Hinweisen. Custer nützte diese offensichtliche Schwäche seines Vorgesetzten ihm gegenüber weidlich aus. Denn ihm ging es um *seine* Person und um die Mehrung seines eigenen Ruhms.
Die Ausführungen Custers verfehlten ihren Eindruck auf die Offiziere nicht. Mit vergnügtem Schmunzeln beobachtete er Renos Überraschung.
«In diesem Falle, Sir», ließ sich der Major nach geraumer

Weile vernehmen, «wird es mit Eurem Entschluß wohl seine Richtigkeit haben.»
«O ja, meine Herren, es hat seine Richtigkeit, könnt sicher sein. Nun werden wir dem alten Graubart Crook zeigen, wie man die Wilden anfassen muß. Um ein Uhr fünfzehn reitet das Regiment in der gleichen Reihenfolge und nach meinem Tempo weiter. Geschütze und Bagagetrain am Schluß. Danke!»
Grüßend verabschiedeten sich die Offiziere und begaben sich wieder zu ihren Einheiten. Boston trat zu seinem Bruder.
«Dann werden wir wohl noch heute auf die Sioux stoßen, George?»
«Bestimmt, Boston! Habe dir ja vorhin gesagt, daß du als erster die Nachricht von unserem Siege bekanntgeben darfst. Wird dir ja allerhand Geld einbringen, eine solche Sensation! Ho, das wird mir eine Begeisterung absetzen. Das Volk wird den General Custer auf den Händen tragen wollen, und der Präsident Grant muß mir wohl sogar noch den Verdienstorden anheften!»
Nach einem kräfteraubenden Gewaltritt erreichte das Regiment etwa um zehn Uhr vormittags die Höhen oberhalb des Little Big Horn-Rivers. Durch das Glas sah Custer die vordersten Zelte des ausgedehnten Indianerdorfes. Die Roten schienen von der drohenden Gefahr keine Ahnung zu haben. Kinder spielten in der warmen Junisonne. Frauen oblagen ihrem Tagewerk, und die Krieger tummelten sich mit ihren Pferden.
Der General ließ das Regiment hinter den Uferhöhen anhalten und befahl die Offiziere zu sich. In kurzen Worten erläuterte er ihnen den Angriffsplan.
«Meine Absicht ist, das Dorf zu umzingeln. Captain Benteen, Sie reiten mit den Schwadronen H, D und K den Fluß

hinauf, überqueren ihn noch außer Sichtweite der Indianer und greifen das Dorf in der Richtung des Flußlaufes an. Major Reno! Sie setzen mit Ihren drei Schwadronen M, A und G hier über den Little Big Horn und stoßen direkt ins Dorf hinunter. Captain Mac Dougal, Sie bleiben mit dem Train und den Geschützen hier und sichern sich mit der Kompagnie U. Ich reite mit den Schwadronen C, E, F, I und L flußabwärts und richte den Angriff flankierend mitten in das Dorf hinein. Allfällige weitere Befehle übermittle ich Ihnen durch Meldereiter. Sie berichten mir unverzüglich, wenn Ihre Abteilungen mit dem Feinde Fühlung nehmen. Und nun die genaue Zeit.»

Die Offiziere richteten ihre Uhren und errechneten den Angriffsbeginn. «Jetzt, meine Herren, Hals- und Beinbruch! Wir haben den Feind in der Falle. Sorge jeder dafür, daß sie zuschnappt. Denkt daran: Überraschung ist unser bester Verbündeter!»

Custer legte die Rechte grüßend an den Hutrand. Reno und Benteen ritten zurück, und kurze Zeit später bewegten sich die beiden Abteilungen, voraus die roten Kundschafter, in den befohlenen Richtungen fort.

«Cook, lassen Sie aufsitzen! Meldung, wenn marschbereit.»

Lächelnd wandte sich der General nochmals an seinen Bruder Tom.

«So, mein Lieber, jetzt ist der Augenblick gekommen, wo du dich an deinem Feinde Regengesicht für die Beleidigung rächen kannst. Übrigens hat auch unser Freund Curley mit dem Sioux noch eine Abrechnung vorzunehmen. Nicht wahr, mein großer Häuptling?»

Curley überhörte den spöttischen Unterton und nickte gelassen. «Der Absaroka wird Ite-o-Magazu die Kopfhaut abziehen! Ho!»

«Siehst du, Tom! Nun hast du erst noch einen ernsthaften Rivalen erhalten. Schätze, du mußt dich mächtig anstrengen, sonst wird dir der Krähe die Beute vor der Nase wegschnappen. Doch da kommt Cook angeritten. Der Tanz geht los!»

Keiner darf entkommen

Macht mich stark im Streit!
Helft, daß mein Messer Tod bringe!
Helft, daß meine Streitaxt niederfalle
auf die Bleichgesichter,
die gekommen sind, unsere Heimat zu nehmen!

Bevor der kieselhelle, geschäftig murmelnde Little Big Horn-River sich mit seinem größeren, gleichnamigen Bruder und dann mit dem ungestüm dahinflutenden Yellowstone vereinigt, durcheilt er eines der lieblichsten Täler in den östlichen Vorbergen der Rocky Mountains. Sanft geschwungene, mit Buschwerk bedeckte Hügel und grüne Weiden säumen seine Ufer. Da und dort reichen dunkle Tannenforste oder lichte Laubwälder nahe an den Flußlauf heran, gerade, als wollten die ragenden Wipfel dieser urtümlichen Bäume sich im klaren Gewässer spiegeln.
In dieses landschaftliche Paradies hinein hatten die Indianer ihr gemeinsames Lager gebaut. Auf der Südseite des Flusses reihte sich Dorfring an Dorfring. Am oberen Lagerende hatten die Hunkpapa ihre Tipis aufgeschlagen. Ihnen benachbart hausten die Brulés, Miniconjous und Two Kettles. Dann kamen die Sippen der Oglala und zuletzt die nördlichen Cheyenne und die Arapaho.
Munteres Leben erfüllte die Zeltgassen. Frauen eilten geschäftig hin und her und oblagen ihrem häuslichen Tagewerk. An den zahlreichen lodernden Feuern saßen pfeifenrauchend die würdevollen Krieger und erzählten sich ihre jüngsten Abenteuer. An Stoff gebrach es ihnen wahrlich nicht, denn vor kurzem war Häuptling Wildes Pferd mit

seinen Banden vom Rosebud-River her zurückgekehrt. In angemessener, respektvoller Entfernung kauerten die Buben, begierig darauf, jedes Wort der Krieger zu verstehen. Au, wie die Herzen der Halbwüchsigen höher schlugen und wie sie sich danach sehnten, mit ihren Vätern, Onkeln und älteren Brüdern gegen einen bösen Feind zu reiten.

Skalpgeschmückt hatten die Krieger Tashunka Witkos am Abend vorher Einzug gehalten. Mit ihnen waren aber auch Trauer und Wehklagen um die gefallenen Männer, Brüder und Söhne in die Dörfer eingekehrt, und so verbot sich schon der Schicklichkeit wegen jede laute Lustbarkeit und jeder Freudentanz. Zu viele hatten Tote zu beweinen. Allerdings, die erbeuteten Skalpe mußten für die später zu erwartenden Festlichkeiten präpariert werden – eine Arbeit, deren sich ausschließlich die Frauen annahmen. Als erstes wurde der Skalp in einen biegsamen Rahmen von Ruten gespannt, seine glatte Seite peinlich gesäubert und über einem schwelenden Feuer geräuchert, bis er ganz trocken war. Kleinere Skalpe verwendeten die Indianer, um die Nähte ihrer Kriegskleider zu schmücken, die größeren ließ man im Rahmen eingespannt. In der Regel färbten dann die Frauen die haarlose Seite rot und bemalten sie mit dem Totem des Besitzers. Beim Skalptanz befestigte man die Rahmen an einer ungefähr mannshohen Stange und die Tänzerinnen – der Skalptanz wurde von den Frauen ausgeführt! – pflegten mit diesen grausigen Siegesfahnen zu der eintönigen, aber aufreizenden indianischen Trommel- und Rasselmusik im Kreise herum zu springen und zu hüpfen.

Die Hitze des Tages zwang zur raschen Bestattung der Gefallenen. Angetan mit ihren schönsten Kleidern und fest eingehüllt in zähe Büffeldecken, lagen die Leichen der Tapferen auf Geflechten aus Rinden und Ästen. Um ihnen den langen Weg in die Ewigen Jagdgründe zu erleichtern, hatte man sie mit Waffen und genügender Reisezehrung wohlversehen. Zum Schutze gegen räuberische Wölfe und Kojoten ruhten die Verstorbenen abseits vom Lager auf hohen Stangengerüsten. Auch die Verwundeten erhielten die ihnen zukommende Pflege. Frauen und Medizinmänner kümmerten sich um die Helden, und die eisenharte Natur der Indianer tat ein übriges, damit Heilung und Genesung rasch voranschritten.

*

Am Nachmittag des 24. Juni 1876 ließ Sitting Bull alle Häuptlinge auf eine Anhöhe, ungefähr in der Mitte des Lagers, zusammenrufen. Eine Schar prachtvoller Kriegergestalten versammelte sich um den Oberhäuptling, gespannt darauf wartend, was er ihnen mitzuteilen hatte. Ein jeder von ihnen war seiner kühnen Taten wegen jetzt schon im Geschichtsbuch der Vereinigten Staaten von Nordamerika eingetragen. Nicht Generäle standen um Sitting Bull, den größten und bedeutendsten aller Sioux, sondern Krieger mit Mut und Herz – Krieger, die anzugreifen und zu verteidigen wußten. Er aber überragte jeden von ihnen, weil er vorauszusehen wußte, weil er kühl und nüchtern zu überlegen verstand und weil er – alles in allem – ein wahrer Führer seines Volkes war, vergleichbar mit einem Metacomet, einem Pontiac, Tecumseh und einem Rote Wolke.
Nach alter Sitte setzten sich die Häuptlinge. Da waren die Sachems der Hunkpapa, Ite-o-Magazu, Gall, Große Krähe und Vier Horn, neben ihnen die Oglala Tashunka Witko, Rot Horn Büffel, Amerikanisches Pferd, dann die Häuptlinge der übrigen Tetonstämme, Gefleckter Adler, Hump, Krähenhund, Lahmer Hirsch, Ein Horn und endlich die Cheyenne und Arapaho, Stumpfes Messer, Kleiner Wolf, Zwei Monde, Mitahasa, Schwarzer Adler und Langspeer.

Vor dieser auserlesenen Runde der tapfersten aller indianischen Freiheitskämpfer auf den Prärien des Mittelwestens offenbarte nun Sitting Bull, wie er sich die Kriegführung gegen die anmarschierenden Soldaten dachte.
«Meine Brüder, öffnet eure Augen! Schaut euch dieses Land an, das uns von Wakan tanka geschenkt wurde. Seht den fischreichen Fluß, die Wälder voller Hirsche und Bären und das weite Grasmeer mit den wandernden Büffeln. Seht eure Tipis mit euren Frauen und Kindern, mit euren Kriegern und Pferden. Alles was uns lieb und teuer ist, was uns das Große Geheimnis in seiner Güte gegeben hat, wollen uns die Weißen stehlen. Meine Brüder! Soweit eure Augen zu schauen vermögen, ist dies des Indianers Land, unsere Heimat! Für ein solches Land lohnt es sich zu kämpfen.
Von Sonnenaufgang her nähern sich die Soldaten des Großen Vaters, an ihrer Spitze die verräterischen Hunde der Absaroka und Shoshoni. Ehe die Nacht zum zweitenmal über dieses Tal sinkt, wird der Fluß hier unten rot sein von ihrem Blut und das Gras unsichtbar unter ihren Leichen. So spricht zu euch Wakan tanka durch den Mund Sitting Bulls! Vernehmt jetzt, meine Brüder, wie wir den Kampf führen müssen. Gall, Wildes Pferd und Regengesicht reiten mit ihren Kriegern unterhalb des letzten Dorfes, dort wo die Hügel steil abfallen, über den Fluß und folgen ihm aufwärts bis zur Mitte des Lagers. Können meine Brüder die Stelle sehen, wo sie den Feind erwarten sollen?»
Sitting Bull wies den drei Häuptlingen die Richtung.
«Gut! Ihr wartet dort im Hinterhalt, bis die Mila hanska auf euch stoßen. Sprengt sie auseinander. Greift sie an! Greift sie unermüdlich an und treibt sie bergwärts. Ihr müßt die Soldaten vernichten! Keiner darf entkommen! Hört mich gut, meine Brüder: Keiner darf entkommen!»

«Ho! Ho! Ho!» bekundeten die drei ihr Einverständnis. Sitting Bull nickte und wandte sich an die übrigen Häuptlinge der Teton.
«Eure Stellung ist hinter dem Dorfe der Hunkpapa. Wenn die Blauröcke angreifen, werden unsere Frauen und Kinder ihre Tipis verlassen. Laßt den Feind über den Fluß setzen und durch die leeren Zelte meines Stammes stoßen. Dann aber greift ihr mit aller Macht an und treibt ihn zurück in den Fluß. Haltet ihn dort fest und laßt nicht mehr los! Hindert ihn daran, flußabwärts auszuweichen. Wenn ihr aber hört, daß der Kampf bei den Kriegern der Oglala und Hunkpapa beginnt, dann löst euch vom Feinde und eilt euren Brüdern zu Hilfe, denn ihr werdet von den Kriegern der Cheyenne und Arapaho abgelöst werden.»
Sitting Bull faßte die Cheyenne und Arapaho ins Auge.
«Ihr, meine tapferen Brüder, ihr legt euch oberhalb der Teton im Tale, auf den Hügeln, die sanft niederfallen, in den Hinterhalt. Sorgt dafür, daß das Lager von dieser Seite her nicht umgangen werden kann. Greift den Feind an, wenn er sich euch nähert und werft ihn zurück. Aber verfolgt aufmerksam den Kampf der Two Kettles, Brulés und Miniconjous, und wenn ihr seht, daß sie den Hunkpapa und Oglala zu Hilfe eilen, oder wenn ihr euren Gegner vorher zurückgetrieben habt, dann reitet hinunter und nehmt ihren Platz ein. Habt ihr verstanden?»
«Ho! Ho! Ho!»
Sitting Bull wird immer unter euch sein, Häuptlinge. Er wird dort mit euch kämpfen, wo der Feind am stärksten ist. Eure Augen werden ihn immer sehen, und eure Ohren werden ihn hören. Und nun geht zurück in eure Dörfer und bereitet euch vor. Wenn die Mila hanska kommen, dann tut, wie ich euch geheißen. Geht jetzt! Ermahnt eure Krieger, daß sie sich rüsten und ihre Gesichter mit den

Farben des Krieges bemalen. Zeigt euch der Starken Herzen würdig. Ich habe gesprochen!»
Bis in die späte Nacht hinein ertönten die Trommeln und klirrten die Rasseln zu den Starkherz-Liedern. Sorgfältig bemalten sich die Männer mit roter, schwarzer und gelber Farbe, und je erschreckender ein Gesicht anzusehen war, desto befriedigter zeigte sich der Künstler. Die Indianer duldeten, mit wenigen Ausnahmen, keine Haare im Gesicht, da diese ein Bemalen erschwert hätten. Mit einer Pinzette aus Muscheln zupften sie sich die Haare samt den Wurzeln aus, bis sich die Haut wieder völlig glatt anfühlte. In der Regel zeigten sich die Indianer nie unbemalt; aber es wurde streng unterschieden zwischen den Farben des Krieges und jenen des Friedens. Die Farben wurden von den Frauen aus Pflanzenstoffen und aus Erde präpariert und mit Büffel- oder Bärenfett haltbar gemacht. Aus der Gesichtsbemalung und aus dem Federschmuck eines Kriegers konnte man erkennen, wie viele Feinde er schon getötet oder verwundet, wie oft er selbst verwundet wurde oder wie viele Gefangene er auf seinen Kriegszügen eingebracht hatte. Wildes Pferd setzte weiße Tupfen auf sein rotschwarz bemaltes Antlitz – er wollte im bevorstehenden Kampfe viele Coups zählen, und er löste sein Haar – er wollte töten.

Zeitgenössische Reisende und Missionare berichteten uns, daß die Indianer dieser Art Schönheitspflege oft viele Stunden widmeten und dafür äußerste Sorgfalt aufwendeten. Aber nicht nur das Gesicht, sondern auch der Körper wurde, sofern er nicht durch Lederhemd oder Leggings bedeckt war, mit solchen Malereien verschönt. Besonderen Wert legten die Indianer auch darauf, die Narben ihrer Wunden blutrot auszumalen, um diese Zeichen der Tapferkeit möglichst sichtbar werden zu lassen.

Es ging schon gegen Mitternacht, als Sitting Bull zwölf junge, tatenfrohe Krieger über den Little Big Horn schickte, um die erwartete Annäherung des Feindes zu beobachten und das Lager gegen jede Überraschung zu sichern.

Säbel gegen Streitaxt

Die Sioux sind die größten Krieger,
die die Sonne je beschien!

General Benteen

Frohgemut und kampflustig ritten die 7. Kavalleristen dem bevorstehenden Treffen entgegen. Heiß brannte die Sonne an diesem 25. Juni 1876 auf Roß und Reiter hinunter. Schaum flockte um die Gebisse der Pferde. Schweiß perlte auf den Stirnen der Männer. Sie spürten die Strapazen der letzten Nacht in ihren Knochen, denn auch pickelharte, lederzähe Schlachtenveteranen haben hin und wieder etwas Ruhe nötig. Aber der General war unerbittlich gewesen, und die Nähe des Feindes tat ein übriges, um Schwäche und Schlappheit zu vertreiben. Also riß man sich noch einmal zusammen. Schließlich wog die Ehre, Angehöriger des berühmtesten Reiterregiments zu sein, das je auf nordamerikanischem Boden gefochten hatte, ein schönes Schock Strapazen auf. Go ahead!

Mittags um zwölf Uhr erhielt Major Marcus A. Reno von seinen roten Kundschaftern die Mitteilung, daß sie auf Siouxkrieger gestoßen waren. Der Offizier schien betroffen. In ihm dämmerte die Erkenntnis auf, daß es mit der Überraschung des Feindes vielleicht doch seine Schwierigkeiten haben könnte. Zweifel an der Richtigkeit des befohlenen Vorgehens bedrängten ihn. War es nicht eher so, daß die Indianer den Anmarsch des Regiments schon längst beobachteten und daß sie, die Soldaten, unversehens angegriffen werden konnten? Hatte Custer recht getan, das

Regiment zu teilen, statt mit voller Truppenmacht den Feind zu attackieren? Major Reno besaß alles andere als eine draufgängerische Natur. Methodisches Handeln lag ihm viel näher, und je länger, je mehr er überlegte, desto weniger gelang es ihm, die Meldungen der Kundschafter mit den Befehlen des Regimentskommandanten in Einklang zu bringen. Die ganze Lage, in der er und das Regiment sich befanden, schien ihm plötzlich gefährlich, unübersichtlich und unheimlich geworden zu sein. Mit schmerzhafter Deutlichkeit spürte er, wie die Gewißheit drohenden Unheils immer stärker, immer gegenwärtiger wurde. Aber er war Soldat, und er hatte zu gehorchen.
Gewaltsam verscheuchte der Major diese trüben Gefühle. Vorwärts! An der Spitze der ihm unterstellten Abteilung reitend, folgte er den Kundschaftern. Sie fanden eine Bucht und erreichten kurze Zeit später die letzte Anhöhe vor dem Ufer des Little Big Horn-River. Ohne Mühe schweifte ihr Blick auf das zum Greifen nahe Indianerlager jenseits des Flusses. Reno setzte das Glas an seine Augen. Peinlich genau suchte er Zelt um Zelt ab. Keine Spur von einem menschlichen Lebewesen! Freundlich murmelten die Gewässer des sich übermütig durch die Landschaft schlängelnden Little Big Horn. Hin und wieder schnaubte ein Pferd der hinter ihm wartenden Reiter. Ein schwacher Wind strich über Gras und Gebüsch und fächelte die erhitzten Gesichter. Auf dem andern Ufer stieg eine Lerche tirilierend in den blauen Himmel. Friedvolle, sommerliche Stille!
Reno setzte den Feldstecher ab, wischte sich den Schweiß von der Stirne und schüttelte den Kopf. Er winkte dem Indianer, der ihm vorhin die Meldung überbrachte.
«Wo hast du Sioux gesehen?»
Der Rote wies mit ausgestrecktem Arm auf die Höhen des

linken Ufers, hinter denen der Fluß dem Auge entschwand.

«Dort Sioux! Soviel wie Finger an einer Hand. Zogen sich zurück.»

«Gut, gut!»

In Reno verdichtete sich die Gewißheit, daß der Feind irgendeine Teufelei beabsichtigte. Aber was für eine? Für einen Hinterhalt schien das Gelände nicht geeignet. Ja, wenn man wüßte, was sich hinter den Zelten verborgen hielt. Der Major zermarterte sich den Kopf über die Art des weiteren Vorgehens. Sein Zögern fiel nun nachgerade auch der Truppe auf. Stabsarzt J. A. De Wolf, Renos Freund, ein begabter Mediziner und seines gütigen Wesens wegen bei den Soldaten sehr beliebt, drängte sich nach vorne.

«Na, was ist, Reno? Irgend etwas vom Feinde zu sehen?»

«Eben nicht, Doc, eben nicht! Werde das Gefühl nicht los, daß sich irgend etwas gegen uns zusammenbraut. Kein Stückchen rote Haut zu sehen da drüben.»

Der Arzt lachte belustigt auf.

«Tja, mein Lieber, auch Sitting Bull bietet sich dir nicht auf dem Präsentierteller an. Du mußt ihn suchen, Marcus. Erst wenn du die Indsmen gefunden hast, kannst du die Diagnose stellen und die entsprechende Therapie verschreiben. Das ist bei uns Ärzten nicht anders.»

Der Major schien aber nicht zu Scherzen aufgelegt. Er furchte die Stirn.

«Laß den Unsinn, Doc. Bringe deine Witze später ... Na, was ist los da hinten? Können die Kerle nicht ruhig bleiben?»

Stimmengewirr wurde laut. Ein Brechen und Stampfen, und dann zwängte sich ein Reiter durch das Gebüsch. Reno atmete auf.

«Ah, Sie sind's, Cook! Was will der Kommandant?»
«Hello Major! Befehl von General Custer: Sofort den Fluß durchqueren und talwärts vorstoßen. Den Feind angreifen, wenn Sie ihn treffen.»
«Deswegen hat Sie der General zu mir gejagt? So lautete ja sein Befehl!»
«Laßt gut sein, Sir. Sie wissen ja: Nichts geht ihm schnell genug. Also, gute Jagd! Ich muß wieder zurück. Augenblick mal, wieviel ist richtige Uhrzeit? Zwölf Uhr dreißig! Brauche die Angabe fürs Tagebuch. Good bye, Sir! Good bye, Doc!»
Renos Abteilung setzte sich in Trab und ritt ans Ufer hinunter. Dabei passierte sie einige hinter Bäumen verborgene Tipis, die aber allesamt unbewohnt waren. In scharfem Tempo stieß Reno etwa zwei Meilen flußabwärts. Dann traf er eine Furt und überquerte den Little Big Horn, ohne sich weiter aufzuhalten. Auf dem linken Ufer angekommen, ließ er durch Kundschafter und durch Männer des Leutnants Mc Intosh unverzüglich das gegenüberliegende Dorf durchsuchen.
Die Zelte schienen geräumt zu sein, hingegen kam von Mc Intosh die alarmierende Meldung, daß sich große Massen berittener Indianer von der linken Talseite her näherten. Ein Blick durch das Glas genügte, um sich zu vergewissern, daß der Feind an Zahl gewaltig überlegen war. Befehlsgemäß ließ Reno den General benachrichtigen, daß er mit der Hauptmacht der Indianer Fühlung genommen habe. Bestimmt nahm der Major an, von Custer so schnell als möglich Verstärkung zu erhalten.
Die Schwadronen formierten sich zum Angriff. Offiziere und Soldaten waren guten Mutes. Sie vertrauten der überlegenen Feuerkraft ihrer Waffen. Nochmals setzte Reno das Glas an, und nun sah er, wie eine Menge Frauen und

Kinder, teils zu Pferde, teils laufend, in höchster Eile die weiter entfernten Dörfer räumten und flußabwärts verschwanden. Diese überstürzte Flucht und das zögernde Verhalten der Berittenen hoben Renos Zuversicht. Leichten Herzens hieß er den Trompeter das Angriffssignal zu blasen. Hell schmetterten die jubelnden Töne von den umliegenden Hügeln zurück. Die Reiter faßten ihre Säbel fester. Reno hob den Arm und zeigte auf die Indianer.
«Zum Angriff! Vorwärts!»
Donnernd setzten sich die Schwadronen in Bewegung. Säbelklingen blitzten. Standarten flatterten. Tief über die Pferdehälse gebeugt, jagten die Blauröcke dem Feinde entgegen. In das dumpfe Dröhnen der galoppierenden Pferde mischte sich das rauhe Hurrageschrei der kampfesbegierigen Soldaten.
Vorwärts! Vörwärts! Seht euch vor, Indianer! Das siebente Reiterregiment greift an!
Plötzlich erstarb das Hurragebrüll. Rufe der Enttäuschung wurden laut. Die Soldaten richteten sich auf und spähten hinüber zum Feinde. Da hatte man es wieder: die Roten rissen aus! Ihre ursprüngliche geschlossene Front zerbröckelte. Als sich die Mila hanska auf etwa hundert Schritte genähert, jagten die Sioux in regelloser Flucht davon. Schrille Angstschreie stiegen aus ihren immer mehr sich lockernden Reihen empor.
Major Reno wies mit dem Säbel nach dem fliehenden Feind.
«Drauf auf die Rothäute, Männer! Der Feind darf uns nicht entgehen!»
Mit verdoppelter Wut setzten die Kavalleristen den zu einer Verfolgung gewordenen Angriff fort. Tief bohrten sich die Sporen in die bebenden Pferdeflanken. Peitschen klatschten nieder.

«Vorwärts, ihr Biester!» fluchten die Männer. Ha, diese roten Feiglinge! Und vor solchen Schelmen war ein Crook ausgerissen!

Drauf, Kerls, drauf!

Laut schmetterten die Hörner. Die Pferde gaben ihre letzten Kräfte her. In stiebenden Flocken löste sich weißer Schaum von den aufgerissenen Mäulern.

Da gellte plötzlich des Kommandanten Stimme:

«Haaalt! Haaalt! Das Ganze halt!»

Kerzengerade stieg sein Gaul empor, so heftig hatten ihn die Zügel des Offiziers zurückgerissen. Renos verzweifelter Ruf bremste die anstürmende blaue Flut. Wieder schrie er:

«Stoppt den Angriff! Wir werden umzingelt! Haalt!»

Nun nahmen auch die Trompeter das Signal auf und gaben es weiter. Unwillig, verwundert, zügelten die Reiter ihre Rosse. Die Schwadronen verkeilten sich und gerieten in Unordnung.

«Absitzen! Bereit machen zum Fußgefecht!»

Jetzt erst erkannten auch die Männer den Ernst der Lage. Im Eifer des Sturmes war ihnen entgangen, wie sich die Front der fliehenden Indianer immer weiter ausgedehnt hatte. Zu spät – beinahe zu spät! – erkannte Reno das schlaue Manöver der Sioux. Er sah die Flügel ihrer Reihen immer mehr zurückhangen, um sich hinter dem festgefügten, blind dahinrasenden Block der Kavalliere wieder zu vereinigen. Nachdem sie abgesessen, konnten die Soldaten die ihnen drohende Gefahr der tödlichen Umzingelung ermessen.

Ehe die Blauröcke noch recht aus ihren Sätteln gestiegen, wurden sie zu Zeugen eines tragischen Vorfalls. Zwei Offiziere, die Leutnants Mc Intosh und Ben H. Hodges, fanden nicht die Kraft, ihre toll gewordenen Pferde rechtzeitig zu zügeln. In fliegendem Galopp rasten die Tiere mit

ihren unglücklichen Reitern dem Feinde entgegen. Staunende Bewunderung ob der – allerdings unfreiwilligen – Tollkühnheit dieser Langmesser malte sich auf den bemalten Zügen der Sioux. Einem Tore gleich, öffnete sich die erste Reihe der Krieger, ließ die schreckensbleichen Reiter hindurch und schloß sich wieder. Ein sekundenlanges Getümmel, das Aufblitzen einiger Schlachtbeile, und die beiden noch jungen Offiziere waren nicht mehr.
Dieses schaurige Unglück blieb nicht ohne Wirkung auf die hilflos zuschauenden Kavalleristen. Lähmendes Entsetzen und kalte Todesangst griffen nach ihren Herzen. Mit einem Schlag war die heiße Kampfesbegierde ausgelöscht. Aus den grimmigen, siegesgewissen Verfolgern wurde eine Schar verzagter, um ihr Leben bangender Männer. Und wie sie jetzt dastanden, angesichts des an Zahl gewaltig überlegenen, unerbittlichen Feindes; wie sie zitternd an ihren Karabinern herumfingerten, fühlten sie, wie bleierne Müdigkeit ihre Glieder erschlaffen ließ. Die flimmernde Sonnenhitze begann ihre Augen zu trüben, und sie besaßen kaum mehr die Kraft, sich aufrecht zu halten. In diesem Augenblick höchster Gefahr riß sich der Kommandant nochmals zusammen. «Kopf hoch, Leute! Jetzt darf mir keiner schlapp machen! Achtung! Die Roten greifen an! Ruhig Blut, und fasse ein jeder sein Ziel gut ins Auge!»
Heiser krächzten diese Worte aus Renos ausgetrockneter Kehle. Aber sie zwangen die erschöpften, mutlosen Leute, ihn anzusehen. Über ihm flatterte die Abteilungsstandarte. Mit Mühe bewahrte er Haltung, doch sein Gesicht verriet unbeugsamen Kampfeswillen. Die eine Hand umklammerte den schweren Kavalleriesäbel, die andere den Revolver. Aus glanzlosen Augen blickten ihn die Soldaten an. Verwünschungen schlugen an sein Ohr. Aber Reno ließ sich nicht beirren.

«Daß ihr der Fahne keine Schande bereitet, Männer.»
Das wirkte! Renos Entschlossenheit und die im Winde leise knatternden Farben des Regiments verfehlten ihren Eindruck nicht. Es wich die mutlose Stimmung, und die alte Spannkraft kehrte wieder.

*

Allenthalben schienen Indianer aus dem Boden zu wachsen. Immer enger, immer dichter zog sich die rote Schlinge zusammen. Ein riesiger Indianer in wallendem Federschmuck und auf einem prachtvollen, schwarz-weiß gefleckten Hengste reitend, suchte mit weit ausholenden Gebärden seine Krieger zu leiten. Es war Sitting Bull! Da! Er hob die Faust mit dem blitzenden Tomahawk ... ein gellender Ruf ... und wie ein Orkan stürmten die roten Massen auf die eng aneinander gescharten Mila hanska los. Unter Tausenden von Pferdehufen bebte der trockene Grasboden. Staub wirbelte auf. Eine einzige, unübersehbare, rotbraune Mauer raste in entfesselter Wut den Soldaten entgegen.
«Hi! yip-yip-yip-yip-hi yah!» Einer Flutwelle gleich brandete das gräßliche Kriegsgeheul an Renos Männern empor, jeden Befehl, jedes Wort hinwegschwemmend.
Der Kommandant feuerte den ersten Schuß, und in den Kopf getroffen stürzte ein junger Indianer aus dem Fellsattel.
«Feuer frei!»
Ein bleierner Hagel überschüttete die Sioux und schmetterte ihre erste Reihe zu Boden. Wieder ein Ruf Sitting Bulls. Die Angreifer rissen ihre Pferde herum und begannen in sinnverwirrendem Galopp die Soldaten zu umkreisen. Jetzt offenbarte sich den Weißen die fabelhafte Reitkunst der

Roten. Mit akrobatischem Geschick verstanden es die Krieger, sich hinter den Pferdeleibern zu verbergen und Pfeil um Pfeil gegen den Feind abzuschießen.
Wohl feuerten die Blauröcke, bis sie sich an den Gewehrläufen ihre Hände verbrannten, aber der Augenblick rückte doch immer näher, wo sie von den Sioux einfach überritten würden. Hilfesuchend spähte Reno nach der erhofften Verstärkung. Nichts! Hingegen erblickte er durch den Staub in der Richtung des Flusses ein dünnes Wäldchen. Wenn es ihnen gelang, sich bis dorthin durchzuschlagen, dann wären sie fürs erste gerettet, überlegte der Kommandant. Er hieß den ihm am nächsten stehenden Trompeter das Signal «Aufsitzen!» zu blasen.
Trotz der wie Regenschloßen anschwirrenden Pfeile gelang es den Soldaten, auf die Pferde zu steigen und sich leidlich geordnet in Marsch zu setzen. Heftiger bedrängten die Indianer den weichenden Feind. Sie erkannten dessen Absicht und trachteten danach, ihm den Rückzug abzuschneiden. Aber die Feuerwaffen schafften immer wieder Luft. Unter erheblichen Verlusten erreichte die Abteilung den Wald. Prächtige, weit ausladende Platanen boten willkommenen Schutz gegen die stechende Sonne. Dürres Laub deckte fußhoch den Boden. Erschöpft ließen sich die Männer niederfallen. Das Gewehrfeuer flaute ab, dafür trafen die meisten Schüsse ihr Ziel und zwangen die Roten in respektvolle Entfernung.
Reno befahl einem Soldaten, einen Baum zu erklettern und nach der so sehnlichst erwarteten Verstärkung Ausschau zu halten. «Ein Reiter kommt in scharfem Galopp gegen den Wald geritten, Sir!» schrie der Beobachter.
Offiziere und Soldaten spähten fieberhaft in der ihnen gewiesenen Richtung. In fliegendem Galopp näherte sich der Unbekannte. Reno setzte den Feldstecher an.

«Ha, ein Trompeter. Wird wohl von Custer kommen», brummte der Major. Auch die Indianer entdeckten den Mann und beeilten sich, ihm den Weg zu verlegen. Zu spät! Im letzten Augenblick erreichte der Blaurock den schützenden Wald. Erschöpft ließ er sich vom Pferde fallen, öffnete seine Uniformbluse und zog ein von Schweiß durchtränktes Schreiben hervor.

«Herr Major, Trompeter John Martin. Meldung von General Custer an Sie und an Captain Benteen!»

«Zum Teufel!» platzte Reno heraus, «wo bleibt denn die Verstärkung?» Hastig faltete er den Brief auseinander und begann stockend zu buchstabieren:

«An die Abteilungskommandanten. Großes, bewohntes Indianerdorf ... unmittelbar vor uns ... Viele Indianer ... Eilt ... sofort ... zu ... uns! Im Auftrag: Leutnant Cook, Adjutant, 7. US-Kavallerie-Regiment.»

In grenzenloser Enttäuschung hatte der Major die Worte gemurmelt. Dann fuhr er sich verzweifelt in die Haare.

«Großer Gott! Custer verlangt, daß Benteen und ich ihm zu Hilfe eilen. Dabei erwarte ich fieberhaft seine Unterstützung! Oh, welche Katastrophe!»

Ratlos, hilflos, niedergeschlagen blickte Reno auf den vom scharfen Ritt noch keuchenden Trompeter Martin, bald auf seine nicht minder erschrockenen Offiziere.

«Martin, Ihr müßt sofort wieder zurück zum General. Schildert ihm meine Lage. Sagt ihm, daß uns eine gewaltige Übermacht gebunden hält.»

Der Meldereiter erblaßte. Da mischte sich Stabsarzt De Wolf ein. Er wies zum Waldrand. Durch die Baumstämme sah man die Indianer in dichten Haufen das Gehölz umkreisen.

«Der Mann kommt nicht mehr durch, Major. Sieh, die Roten haben uns zum zweitenmal eingekesselt. Es ist sinn-

los, ihn in den gewissen Tod zu schicken. Jetzt muß das Schicksal entscheiden.»
Plötzlich gellte ein Schrei:
«Die Bestien schießen mit Brandpfeilen!»
Entsetzt drehte sich Reno herum.
«Oh, diese Hunde! Sie wollen uns ausräuchern!»
Pfeil um Pfeil sauste in das Gehölz, und allenthalben flammten im dürren Laub kleine Feuerherde auf!
«Raus aus diesem verfluchten Wald! Wir wollen nicht lebendigen Leibes verbrennen!» brüllten die Kavalleristen.
Der Major preßte seine Fäuste an die Schläfen und stöhnte:
«Alles ist zu Ende! Alles ist zu Ende!»
Reno war am Ende seiner Kräfte. Da packte ihn De Wolf an den Schultern.
«Mensch, laß aufsitzen! Fort aus diesem Wald, fort, bevor es zur Katastrophe kommt!»
Der Major glotzte verständnislos. Müde winkte er ab.
«Hat alles keinen Zweck mehr, Doc, wir sind alle verloren! Custer hat uns im Stich gelassen.»
De Wolf wandte sich ab und kauerte sich etwas abseits über seine auf einem Leder ausgebreiteten Instrumente.
Bereits hatte das Feuer an Stärke und Ausdehnung gewonnen. Dicker, beizender Rauch wälzte sich zwischen den Bäumen. Von draußen her schrillte Triumphgeheul. Endlich erholte sich Reno aus seiner lähmenden Betäubung.
«Blast das Signal zum Aufsitzen!»

*

Was aussichtslos schien, gelang den Blauröcken: sie sprengten den Ring. In einem verzweifelten und verlustreichen Ritt brachen sie aus. Hageldicht zischten die Pfeile in

die eng geschlossenen Reihen. Reno wurde an der Stirne von einem Streifschuß verwundet. Blut rann über sein Antlitz. Er achtete sich dessen nicht. Fort! Nur fort! Erst jenseits des Flusses konnten sie auf Rettung hoffen.
De Wolf ritt Seite an Seite mit dem Major. Plötzlich ließ der Arzt die Zügel des Pferdes fahren. Mit beiden Händen griff er nach der Brust. Reno spürte die Bewegung und blickte nach seinem Freunde.
«Doc! Doc! Um Himmels willen, Doc!»
Aber De Wolf blieb stumm. Kraftlos sank sein Körper vornüber, glitt aus dem Sattel und verschwand in Staub und wirbelnden Pferdehufen. Noch im Unglück schien das Schicksal Renos Abteilung wohl gesinnt. In ihrer blinden, hetzenden Flucht ritt sie geradewegs auf eine Furt zu, überquerte den Fluß und gewann die jenseitige steile Anhöhe. Entnervt, mit flatternden Gliedern rutschte der Major vom Pferde. Mit einer fahrigen Bewegung wischte er sich das Blut aus dem Gesicht. Dann setzte er sich auf einen gefällten Baumstamm und starrte ausdruckslos zu Boden. Die Ordonnanz zog ein Taschentuch aus der Satteltasche und band es dem Kommandanten über die Wunde. Captain Weir, einer der Schwadronsführer, kam heran, um Befehle zu holen. Als er Renos Niedergeschlagenheit erkannte, kehrte er zurück und hieß die Leute absitzen. Mit seiner Schwadron führte er zu Fuß einen kräftigen Ausfall gegen die ungestüm nachdrängenden Roten. Die Sioux, zusammengepreßt in dem zur Höhe führenden Engpaß, hielten dem wuchtig vorgetragenen Gegenangriff nicht stand und wandten sich zur Flucht. Das schaffte für einige Zeit Erleichterung. Selbständig begann Weir die Verteidigung zu organisieren. Er befahl, Schützengräben auszuheben und Brustwehren zu errichten.
Es war jetzt ungefähr Mitte des Nachmittags. Die Angriffs-

wut der Indianer hatte nachgelassen. Captain Weir ließ die erlittenen Verluste feststellen. Sie erwiesen sich als erschreckend hoch: 40 Mann gefallen und 7 Soldaten verwundet!
Langsam gewann auch Reno seine Fassung wieder. Er billigte Weirs Anordnungen und gab Auftrag, eine Patrouille nach Custer auszuschicken. Kaum war Leutnant Hare mit seinen Leuten weggeritten, erhielt Reno Meldung vom Anmarsch einer starken Gruppe berittener Soldaten. Es war die Abteilung Captain Benteens!
Aus unerklärlichen Gründen, so erklärte Benteen, sei er vom richtigen Pfad abgekommen, habe sich verirrt und sei schlußendlich auf überlegene feindliche Kräfte gestoßen. Die ihm zugeteilten Krähen hätten sofort die Flucht ergriffen. Mitten im heftigsten Gefecht habe ihm Trompeter Martin die Meldung Cooks überbracht, und jetzt sei er auf dem Wege zu Custer. Allerdings habe er keine Ahnung, wo sich der General aufhalte.
«Hat keinen Sinn, Benteen», unterbrach ihn Reno, «ich weiß es ebensowenig wie du. Custer hat mich angesichts einer gewaltigen Übermacht im Stiche gelassen. Glaube mir, die ganze Sache ist bereits gescheitert. Bleib da, wir können deine Abteilung als willkommene Verstärkung einsetzen.»
Benteen unterordnete sich ohne Widerstreben dem Ranghöheren. Aber das änderte vorerst nichts an der Gesamtlage. Die Blauröcke blieben auf dem Steilhang festgenagelt. Nach Renos Auffassung gab es nur zwei Möglichkeiten: Entweder Rückmarsch an den Rosebud oder abwarten, bis vom General weitere Befehle eintrafen.
Reno und Benteen entschlossen sich für das letztere.
Leutnant Hares Patrouille kehrte zurück.
«Überall schwärmen Indianer herum», berichtete der Offi-

zier, «sehe keine Möglichkeit, mit schwachen Kräften zum General durchzustoßen. Nur ein wuchtiger Angriff könnte den Ring aufspalten.»

Reno schüttelte den Kopf und setzte sich wieder.

«Nein, Leutnant, unser Unternehmen ist verunglückt. Der General muß froh sein, wenn er sich noch bis zu uns durchschlagen kann. In diesem Falle, das heißt, wenn er es überhaupt versuchen kann, werden wir ihn mit einem Gegenangriff entlasten. Es war falsch von Custer, das Regiment aufzusplittern und ohne Ruhepause anzugreifen.»

Hare entfernte sich, dafür kam Captain Weir, der Unermüdliche, mit langen Schritten herangeeilt.

«Na, was gibt es denn schon wieder, Weir?» Fragend sah Reno den Untergebenen an.

«Etwas Unerklärliches, Sir. Die Indianer sind plötzlich in Bewegung geraten. Große Gruppen von ihnen ziehen sich längs des Flusses hinunter.»

«Na, und?»

Weir biß sich auf die Lippen.

«Ich beantrage, mit allen Kräften anzugreifen, um uns mit dem General zu vereinigen. Glaube, wir könnten die Scharte von vorhin auswetzen ...»

Reno winkte ab.

«Genug, Captain. Wird wieder eine neue Teufelei der Roten sein. Falle nicht ein zweitesmal auf sie herein. Wissen Sie genau, wo Custer ist? Nein! Benteen weiß es ebenfalls nicht. Wir bleiben da.»

Weir kochte. Er begriff seinen Kommandanten nicht. Beim ersten Sturm hatte er doch eine viel schlimmere Lage gemeistert. Und jetzt? Vor ihm saß ein verbrauchter, schlaffer Mann, der nichts mehr unternehmen konnte – und wollte.

Noch während Reno sprach, streckte Benteen lauschend den Kopf nach vorne. Plötzlich packte er des Majors Arm.
«Ruhe! Seid doch ruhig, zum Donnerwetter! Hört mal!»
Kein Zweifel, von Nordwesten her, aus jener Richtung, die Custer eingeschlagen, rollten ununterbrochen Gewehrsalven. Erregt fuhr Weir auf.
«Sir, das ist der General. Er greift an! Custer ist mit den Roten zusammengetroffen. Seine Abteilung kämpft! Ah, deshalb sind die Sioux da unten weggeritten. Jetzt ist Eile geboten, Sir! Befehlen Sie, daß beide Abteilungen dem General unverzüglich zu Hilfe eilen!»
Reno blieb unbeweglich. Kaum daß er den Kopf etwas hob.
«Schluß jetzt! Vorläufig befehle ich hier, Captain. Verfügen Sie sich zu Ihrer Schwadron.»
Entgeistert sah der Zurechtgewiesene den Kommandanten an. Dann stieg ihm die Zornesröte ins Gesicht.
«Herr Major mögen mein Benehmen entschuldigen. Aber ich bin fest davon überzeugt, daß der Gefechtslärm von unserem General herkommt. Wir müssen ihm zu Hilfe eilen, verstehen Sie, wir müssen! Herr Major, ich beschwöre Sie ...»
«Kein Wort mehr, Captain! Melden Sie sich ab!»
Nun mischte sich Benteen ein.
«Entschuldige, Marcus, aber Weir scheint so unrecht nicht zu haben. Glaube doch, daß wir es zumindest versuchen sollten, den General zu erreichen ...»
Reno brauste auf.
«Damned, jetzt fängst du auch noch mit dem Unsinn an. Du glaubst also, der General stehe im Kampfe mit den Roten? Ich meine aber, daß die Schießerei eine ganz gewöhnliche Finte ist, um uns von hier heraus zu locken.

Sind wir erst einmal unten am Ufer, werden auch die verschwundenen Indianer wieder zum Vorschein kommen, und wir sitzen neuerdings in der Falle.»

Aber Benteen ließ nicht locker.

«Wir sollten es zumindest versuchen, Marcus. Niemand kann dir nachher den Vorwurf machen, du hättest den General im Stiche gelassen. Man darf nicht Gleiches mit Gleichem vergelten. Wir sollten es unbedingt versuchen!»

Major Reno straffte sich.

«Gut, Benteen. Aber mehr als eine Schwadron gebe ich für dieses selbstmörderische Unternehmen nicht her. Captain Weir.»

«Sir!»

«Sie reiten mit Ihrer Schwadron sofort weg und erkunden gewaltsam in die Richtung des Gefechtslärms!»

Captain Weir ließ sofort marschbereit machen und brach auf. Bevor er die Stellung verließ, notierte er sich die Zeit:

Es war vier Uhr.

Eine halbe Stunde später berichtete er zurück, daß er nicht mehr vorwärtskomme und von den Indianern umzingelt werde. Reno schickte ihm Verstärkung. Diese genügte knapp, um Weir und seine Leute herauszuhauen. Von den Roten hart verfolgt, wichen die Soldaten zurück. Auch die Hauptstellung wurde neuerdings berannt, und zwar mit solcher Wucht, daß sich die beiden Abteilungen nach Eintreffen der schwer angeschlagenen Schwadron Weir auf einen benachbarten Hügel zurückziehen mußten.

Wieder wurden Schützengräben ausgehoben und Brustwehren errichtet.

Weir meldete seinem Vorgesetzten das Mißlingen des mit zu schwachen Kräften begonnenen Unternehmens. Wichtig in seiner Meldung war die Bemerkung, daß an Stelle der

Sioux nun Cheyenne- und Arapahoindianer den Soldaten Renos gegenüberstanden.
«Die gleichen Kerle haben sich mit mir herumgeschlagen», fügte Benteen bestätigend bei.
Es ging nun gegen die fünfte Abendstunde. Mit dem Feldstecher beobachtete Reno flußabwärts. In weiter Entfernung sah er aufwirbelnde Staubwolken, viele Indianer, aber keine einzige blaue Uniform. Das bestärkte ihn im Glauben, daß die Schießerei – sie hatte inzwischen aufgehört – von den Roten veranstaltet worden war, um ihn aus der Stellung zu locken.
Aber wo war General Custer?
Auf diese Frage wußte niemand eine befriedigende Antwort.
Bis um neun Uhr abends hatte sich Reno andauernden hartnäckigen Angriffen der Indianer zu erwehren, und er verlor in diesen Kämpfen nochmals 25 Mann. Erst nach Einbruch der Dunkelheit ließen die roten Krieger von den Mila hanska ab, um bei Tagesbeginn die Kampftätigkeit mit unverminderter Stärke wieder aufzunehmen. Die erschöpften, von Durst und Hunger gequälten Soldaten fanden weder Rast noch Ruhe. Endlich, am Abend des 26. Juni, zogen sich die Indianer zurück und verschwanden über den Little Big Horn-River nach Nordwesten. Reno traute dem Frieden nicht und blieb noch die ganze zweite Nacht über in den Stellungen liegen. Langsam stieg in ihm der Gedanke auf, General Custer könnte ein entsetzliches Unglück widerfahren sein. Da er aber nichts Gewisses wußte, zermarterte er sich den Kopf mit hunderterlei Fragen. Die Kriegführung der Indianer kam ihm – der dieses Problem bisher nur theoretisch studiert hatte – so ungewöhnlich und entgegen allen militärischen Lehren vor. Was hatte das heftige Gewehrfeuer zu bedeuten? Was jene

aufwirbelnden Staubwolken beidseits des Flusses? Und warum verschwanden die Indianer so plötzlich – gerade jetzt, da seine Truppen am Ende ihrer Widerstandskraft angelangt waren?
Rätsel über Rätsel!

*

Strahlend stieg die Sonne am Morgen des 27. Juni über dem Big Horn-Tal auf. Aus den pulvergeschwärzten, abgehärmten Gesichtern der Soldaten spähten entzündete, von übermächtigem Schlafbedürfnis und grenzenloser Anstrengung gerötete Augen in den erwachenden Tag hinein. Wahrhaftig, die Indianer schienen endgültig weg zu sein. Die Männer atmeten wieder auf.
Aber eine Stunde nach Sonnenaufgang fuhr ihnen nochmals ein gewaltiger Schrecken in die Knochen, als ein unermeßlich langer Zug Berittener das Tal hinauf zog. Plötzlich schrie einer freudig auf:
«Das ist ja Custer!»
Lauter Jubel brandete auf. Soldaten, blau uniformierte Soldaten kamen herangeritten, gefolgt von marschierenden Infanteristen.
Aber es war nicht Custer. Nirgends entdeckten die Feldstecher der Offiziere ihres Generals vertraute Gestalt.
Was sich hier den Soldaten Renos und Benteens in imponierender Stärke offenbarte, waren die Regimenter Terrys und Gibbons. Sie beide überfielen Reno mit der Frage:
«Wo ist General Custer?»
Und jetzt verlor der Major zum drittenmal seine Haltung, als er stammelte:
«Ich ... glaubte ... ihn ... bei ... Euch ... zu ... sehen, Sir!»

Eine furchtbare Erkenntnis bemächtigte sich der Offiziere. Keiner wagte auszusprechen, was nach Terrys Frage und Renos Erbleichen jedem von ihnen auf der Zunge lag.
Der Major brach zusammen.

*

Als er später vor Kriegsgericht aussagen mußte, enthüllte sich die ganze Tragik dieses Offiziers, der am Nachmittag des 25. Juni 1876 die Chance seines Lebens verpaßte. Bis auf den heutigen Tag blieb die entscheidende Frage offen: «Hätte Major Reno, wäre er damals Custer zu Hilfe geeilt, das Schicksal wenden können?»
Niemand weiß darauf eine befriedigende Antwort zu geben. Auch die hohen Offiziere des Kriegsgerichtes, die über den unglücklichen Major zu befinden hatten, wußten es nicht.
In der Geschichte der Vereinigten Staaten ist Marcus A. Reno für alle Zeiten mit dem Makel behaftet, an einem der bittersten Ereignisse zumindest mitschuldig gewesen zu sein!

Sioux! Habt Erbarmen mit uns!

Und unseres Heeres Losungswort
War die verlorne Schlacht;
Das riß uns wie die Windsbraut fort
Und schmiß uns tief in Blut und Mord
Und in die Lanzennacht.

Schiller, Kriegslied

Auf der Nordseite des Little Big Horn, gegenüber den letzten Indianerdörfern, hielten sich die Krieger der Häuptlinge Wildes Pferd, Regengesicht und Gall verborgen. Steile Klippen und übermannshohes Gehölz boten für Reiter und Pferd ausgezeichnete Deckung. Von jenseits des Flusses drang heftiger Kampflärm bis zu den lauernden Sioux. Dort fochten Sitting Bull und die Häuptlinge Gefleckter Adler, Krähenhund, Lahmer Hirsch, Hump, Ein Horn, Stumpfes Messer, Kleiner Wolf, Zwei Monde, Pulvergesicht, Schwarzer Adler und Langspeer mit ihren Kriegern gegen die Truppen Renos und Benteens und trieben sie wieder über den Little Big Horn-River zurück.

«Tatanka Yotanka ist wahrhaftig ein großer Krieger», flüsterte Regengesicht dem Oglalahäuptling zu, «er weiß zum voraus, was die Mila hanska vorhaben. Dort unten, auf dem Talboden, kämpft er an der Spitze unserer Brüder gegen den Feind. Alles ist so geworden, wie er es uns sagte. Bald werden die Blauröcke auch bei uns auftauchen.»

Und so wie diese beiden Häuptlinge, flüsterten ihre Krieger ebenfalls untereinander und gaben ihrer Bewunderung für Sitting Bull offen Ausdruck.

Das Gebüsch, hinter dem die zwei Anführer den Feind

erwarteten, öffnete sich. Ein junger Krieger glitt lautlos zwischen Stauden und Ranken hindurch und blieb vor den Häuptlingen stehen.
«Die Langen Messer kommen. Ich zählte zwanzigmal soviel Soldaten, als jede Hand Finger hat», meldete er.
Regengesicht sah wohlgefällig auf den jugendlichen Späher. Dann nickte er anerkennend:
«Ho, mein Bruder Weißer Büffel hat die scharfen Augen Wamblis, des Adlers. Bald werden die Mila hanska unsere Waffen zu spüren bekommen. Es wird Zeit.»
Der Späher verschwand ebenso lautlos, wie er gekommen war. Nun hob Ite-o-Magazu seine Hände muschelförmig an den Mund. Viermal in kurzen Abständen heulte klagend Schunk-manito, der Wolf. Es war das vereinbarte Zeichen für das Anrücken der Soldaten. Allenthalben griffen die im Hinterhalt liegenden Sioux nach ihren Waffen.

*

An der Spitze seiner Schwadronen, ihm zur Seite Curley, der Absaroka, und Captain Tom, ritt General Custer flußaufwärts. Vor kurzem war Leutnant Cook, der Adjutant, in hetzendem Galopp wieder zur Kolonne aufgeschlossen, nachdem er im Auftrage des Regimentskommandanten den Major Reno zu eiligem Handeln ermahnt hatte. Auch Custer und seine Soldaten vernahmen das heftige Gewehrfeuer aus dem Tal. Aber die Sicht war ihnen durch dichten Baumbestand verdeckt, auch zogen sich die Steilufer erheblich länger, als der General ursprünglich angenommen. Die Männer zweifelten keinen Augenblick daran, daß Reno und Benteen schon jetzt kräftig zuschlugen und binnen kurzem das Lager angreifen würden.
«Wenn nur die verfluchten Steilhänge bald zu Ende wä-

ren», schimpfte der General, «irgendwo muß es doch zum Fluß hinuntergehen. Müssen rechtzeitig an die Roten herankommen, sonst geht der Tanz noch ohne uns zu Ende.» Ungeduldig trieb er sein Pferd vorwärts. Aber nicht alle Tiere konnten das scharfe Tempo aushalten, und die Schwadronen waren schon arg auseinander gezogen. Endlich wies Curley nach links. Die Steilufer gaben eine Gasse frei, die in geradem Laufe zum Flusse hinunter führte und, wie Custer aufatmend feststellte, in der Fortsetzung eine überschreitbare Furt bildete. Ohne anzuhalten, schwenkte die Spitze ab und bog in die Mulde ein. Am Flußufer angekommen, zügelte Custer sein Pferd und ließ die Spitze der vordersten Schwadron anhalten. Er rief nach dem Wachtmeister Kanipe und schickte ihn zu Captain Mac Dougal mit dem Auftrag, den Munitionstrain heranzuführen. Mittlerweile hatte die erste Schwadron aufgeschlossen. Custer wies dem Kommandanten die Richtung und befahl ihm, sofort über den Fluß zu setzen.
Jenseits des Little Big Horn bot sich den Truppen der Anblick eines riesigen, ausgedehnten Zeltlagers. Berittene Indianer tummelten sich zwischen den Tipis, nahmen aber vorläufig noch keine Notiz von den Mila hanska. Custer setzte das Glas an und versuchte, die Stärke der Indianer auszumachen. Plötzlich entfuhr ihm ein Fluch.
«Leutnant Cook!»
«Sir?»
«Cook, finden Sie nicht auch, daß es plötzlich verdammt still geworden ist hier unten? Kein Gewehrfeuer, kein Kampflärm – nichts! Und mit scheint, als ob der Indianer da drüben immer mehr würden. Hoffentlich haben Reno und Benteen nicht Angst vor ihrer eigenen Courage bekommen! Zuzutrauen wäre es ihnen schon. Schicken Sie den Trompeter Martin zu ihnen. Sie sollen so schnell als mög-

lich zu uns stoßen. Nehme an, daß sie mit den Rothäuten schon längst fertig geworden sind. Sollen sofort kommen, sofort!»

«Zu Befehl, Sir!»

Custer sah den Trompeter noch wegreiten. Dann begab er sich zum Hang und trieb mit hallender Stimme die Soldaten zu größerer Eile an. Wieder blickte er durch den Feldstecher und beobachtete das Übersetzen der Schwadron. Aber es litt ihn nicht lange. Neuerdings machte er sich mit den anrückenden Reitern zu schaffen, als plötzlich ein schriller Alarmruf an seine Ohren schlug.

«General! George, oh, George, die Roten greifen an!»

Tom war's, der seinem Bruder rief. Jäh riß Custer das Pferd herum und galoppierte ans Flußufer.

Seinen Augen bot sich ein erschreckendes Bild. Drüben waren eben die ersten Kavalleristen an Land gesetzt, als plötzlich unübersehbare Massen Indianer in breiter, umfassender Front gegen die überraschten Langmesser anritten. Custer erkannte, daß die Soldaten diesem überwältigenden Angriff niemals standhalten konnten.

«Zurück! Zurück über den Fluß!» gellte seine Stimme.

Aber ehe diese Worte verhallten, brach um ihn herum die Hölle los. Ein vernichtendes Salvenfeuer schlug in die dicht gedrängten Menschen- und Pferdeleiber, und ein Pfeilregen deckte die noch fassungslosen Soldaten zu. Zu Dutzenden fielen die Mila hanska aus den Sätteln, Pferde bäumten auf und preschten in wahnsinniger Flucht davon.

Ein furchtbares Getümmel entstand, und jetzt stürzten Hunderte von Indianern, befiederten und bemalten Teufeln, beritten und zu Fuß, auf die Blauröcke los. Allen voran Häuptling Gall. Aus seinem geschwärzten Angesicht leuchtete ein Paar mordgierige Augen. Wo sein Streitkolben niederwuchtete, wurde ärztliche Kunst überflüssig.

«Hi! yip-yip-yip-yip-hi yah!» Der grauenvolle Kriegsruf der Sioux vermischte sich mit dem Heulen und Kreischen der entfesselten roten Krieger.
Inzwischen hatte auch die Tragödie der im Übersetzen begriffenen Schwadron ihr Ende gefunden. Was von der roten Übermacht nicht im Flusse zusammengehauen wurde, rettete sich, hart bedrängt vom ungestüm nachdrängenden Feinde, wieder ans diesseitige Ufer, wo sie den entsetzlichen Wirrwarr noch vergrößerten. Nun waren die Weißen völlig eingekreist.
«Absitzen! Absitzen!» schrie Custer mit sich überschlagender Stimme. Die Soldaten stiegen aus den Sätteln. Jetzt konnten sie sich der Sioux besser erwehren. Schuß um Schuß fuhr in die eng geschlossenen roten Reihen und riß manchen tapferen Krieger zu Boden. Aber sofort füllten sich die Lücken wieder.
Custer achtete des grimmigen Gall nicht, der nur noch wenige Schritte von ihm entfernt triumphierend den Kriegsruf ausstieß. «General Langhaar! Ein Häuptling der Hunkpapa will mit dir kämpfen!»
Galls dröhnender Baß ließ den General erschauern. Möglich, daß er seine und seiner Truppen hoffnungslose Lage erkannte, als er sich plötzlich dem Häuptling gegenübersah. Nur dem treuen Cook hatte er es zu danken, daß sich sein unabwendbares Geschick noch nicht erfüllte. Rechtzeitig begriff der Adjutant die Absicht des Indianers. Er warf sich dem Anstürmenden entgegen, schlug den Revolver an – da spaltete ihm ein von rückwärts geführter Tomahawkhieb den Schädel bis zur Schulter. Cooks Opfertod war nicht vergebens gewesen. Gall wurde abgedrängt, bevor er seinen Rachedurst am General stillen konnte.
«Zurück gegen den Hang!» riefen sich die Offiziere gegenseitig zu.

Die Soldaten nahmen die Losung auf. Zu Fuß, unaufhörlich bedrängt von den Roten, kämpften sie sich unter schweren Verlusten den Uferhang hinauf.
Einem Unteroffizier, dem Sergeanten Butler, war es nicht mehr gelungen, sich der zurückziehenden Abteilung anzuschließen. Abseits, mit dem Rücken an einen Baumstamm gelehnt, wehrte er sich mit Säbel und Revolver gegen die auf ihn eindringenden Indianer. Schon krümmten sich einige schwer getroffene Krieger am Boden, und immer noch zeigte der Weiße keine Anzeichen der Ermattung. Ein riesiger Indianer, der dem ungleichen Kampf schon längere Zeit zugeschaut hatte, stieg vom Pferde und packte seinen Tomahawk. Indem er den Schädelbrecher über seinem Haupte wirbeln ließ, rief er Butler anerkennend zu: «Weißer Mann tapferer Krieger!» – Einen Sekundenbruchteil später bohrte sich die Waffe in die Stirn des Unteroffiziers, und die Indianer beeilten sich, an der Leiche ihre Coups zu zählen.

*

Der Rückzug brachte den Truppen die erhoffte Erleichterung nicht. Kaum hatten sie die Anhöhe erreicht, wurden sie von den Kriegern des Oglalahäuptlings Wildes Pferd angefallen. Mit dem Mute der Verzweiflung wehrten sich die Reiter gegen den neuen Feind. Erbitterte Nahkämpfe flammten auf. Keiner der Weißen dachte noch an Sieg – jetzt ging es um das nackte Leben.
Leutnant James Calhoun, Custers Schwager, versuchte mit seinen Leuten durchzubrechen und dem Gemetzel zu entrinnen. Es gelang ihm, sich durchzuhauen und beritten zu machen. Wie von tausend Teufeln gehetzt, jagten sie davon. Was kümmerte sie der Todeskampf ihrer Kameraden, was Ehre und Soldateneid: sie wollten leben, leben!

Schon glaubten Calhoun und seine Männer, dem Sensenmann ein Schnippchen geschlagen zu haben, da ereilte sie, zwei Meilen vom Kampfplatz entfernt, das Verderben. Sie, die dem Tod zu entrinnen dachten, gerieten in einen tückisch angelegten Hinterhalt. Rasch nahm das Verhängnis seinen Lauf. Schüsse knallten, Pfeile sirrten! Einige angstvolle Schreie, und Calhoun mit seinen Soldaten hatte ausgelitten. Die Indianer schnitten den Gefallenen die Kopfhäute herunter, schafften die Leichen beiseite und legten sich wieder ins Versteck.

Einem hingegen gelang es, zu entkommen: Curley, dem Kundschafter. Die listige Krähe schien nicht gesonnen, das traurige Los seiner weißen Freunde teilen zu wollen. Höher als den Skalp Regengesichts schätzte er sein eigenes Leben. Er hüllte sich in die Decke eines toten Sioux, veränderte rasch die verräterische Haartracht und schlich sich unerkannt und ungesehen aus dem Bereich des Schlachtfeldes.

*

General Custer sah sich von den Indianern neuerdings eingekreist. Ununterbrochen brandeten die zu Fuß und Pferde vorgetragenen Angriffe gegen die zusammengeschmolzenen Schwadronen. Gall und Wildes Pferd überboten sich gegenseitig mit tollkühnen Taten. Ein einziger Offizier saß noch im Sattel. Es war Captain M. W. Keogh auf seinem Pferd «Comanche». Mit ruhiger Stimme erteilte er Befehle. Bis jetzt schien der tapfere Offizier gegen Pfeil und Kugel gefeit. Schon zweimal hatte Wildes Pferd sein Winchester-Gewehr gegen den Blaurock abgefeuert und beidemale gefehlt. In loderndem Zorne warf er die Waffe fort und stürzte, nur mit dem Messer zwischen den Zäh-

nen, auf Keogh los. Zwei Soldaten, die sich ihm in den Weg stellten, schmetterte der Oglala mit bloßen Fäusten zu Boden. Mit einem Sprung war er an der Seite des Captains, wich einem wuchtig geführten Säbelhieb aus und riß den Offizier aus dem Sattel. Ein Stoß, ein qualvolles Röcheln, und Keogh war nicht mehr. Wiehernd vor Schreck stieg «Comanche» auf die Hinterhand und jagte davon. Der Fall dieses allgemein beliebten Führers verbreitete unter seinen Soldaten lähmendes Entsetzen. Verzweiflung griff nach ihren Herzen, Todesangst ließ ihre müden Glieder erschlaffen. Nun ging auch noch die Munition zur Neige. Immer lauter, immer dringender ertönten die bittenden Rufe der Mila hanska:
«Sioux! Pity us! Take us prisoners! – Sioux! Habt Erbarmen mit uns! Gnade! Nehmt uns gefangen!»
Aber die racheschwörenden Indianer nahmen auf dieses Schreien keine Rücksicht. Nur die wenigsten von ihnen verstanden die englische Sprache, aber auch diese kümmerten sich nicht darum. Mit verdoppelter Wut drangen sie auf die erschöpften Soldaten ein. Schlachtbeil und Messer, Gewehr und Bogen räumten furchtbar unter den Weißen auf. Boston Custer, der Berichterstatter, lag, mit Pfeilen bespickt, rücklings auf seinem Neffen, Leutnant Autie Reed. Über und über mit Blut und Schmutz besudelt, starrten der einst so lebenslustige, schmucke Offizier und der sensationshungrige Zeitungsschreiber mit gebrochenen Augen in die gleißende Sonne.
Die Indianer ahnten den Sieg. Mitten unter ihnen kämpfte der Oberhäuptling, spornte die Krieger mit lauten Rufen an, lobte und tadelte und verlor dennoch nie die Übersicht über den Schlachtenverlauf. Unter seiner Führung schlugen sich die Roten wie nie zuvor in ihrer Geschichte. Sein Beispiel riß alle und jeden mit, und grenzenlos war die

Verehrung, die Sitting Bull bei ihnen genoß. Hatte er nicht vorausgesagt, daß Wakan tanka die Mila hanska mit dem Tode strafen werde? Und war diese Voraussage nicht eingetroffen? Ho! Ho! Tatanka Yotanka bedeutete gute Medizin! Wahrhaftig, er war der Größte aller Sioux! Sein Mut, seine Kühnheit und seine umsichtige Führung feierten höchste Triumphe! Sitting Bulls Geist befeuerte die Krieger. Sie brachten das beste Reiterregiment der Vereinigten Staaten zum Verbluten. Diese Sioux, Cheyenne und Arapaho waren keine schnapssüchtigen, verkommenen Rothäute, die zerlumpten Bettlern gleich in den Forts und Siedlungen der Weißen herumlungerten. Da hatte es keine schlaftrunkenen Männer, keine zitternden Frauen und weinende Kinder, wie damals in jener Winternacht am Washita! Hier kämpften und stritten gnadenlose, rachedürstende Krieger, die Vergeltung suchten und erhielten für all das Unrecht, für alle Gemeinheiten und Verbrechen, die ihren Brüdern und Rassegenossen von den Watschitschun im Laufe von zweiundeinhalb Jahrhunderten zugefügt worden waren. Jeder Schlag vergalt tausend erlittene Schläge und jeder Schuß hunterttausend erhaltene Schüsse!

*

Noch einmal gelang es dem General, mit einem kleinen Häuflein Offiziere und Soldaten aus dem tödlichen Ring auszubrechen und sich kämpfend auf eine Anhöhe zurückzuziehen. Immer wieder spähte Custer nach Osten: «Wo blieben Reno und Benteen? Wo blieb Captain Mac Dougal? Wo blieben die Reiter, wo die Munition und die Geschütze?»

Bereits blutete der General aus vielen Wunden, und auch sein Bruder Tom, der nicht mehr von seiner Seite wich,

schien mehrfach verletzt zu sein. Aber beide hielten sich aufrecht und fochten mit dem Mute der Verzweiflung. Kaum hatten die Männer den Hügel erreicht, als sich neue Scharen berittener Sioux in die Schlacht stürzten. In rasendem Kreislauf galoppierten die Indianer um die ermattete Schar, sie mehr und mehr einschnürend. Längst hatten die Soldaten ihre Munition verschossen. Mit dem Säbel in der Faust suchten sie sich die Angreifer vom Leibe zu halten. Aber es waren ihrer zu viele. Einer nach dem andern der Mila hanska sank zu Boden. Angesichts des unabwendbaren Schicksals wehrten sich sogar die Schwerverwundeten noch bis zum endgültigen Verlöschen. Die Sioux wollten nichts wissen von Gnade und Übergabe – was blieb da anderes übrig, als zu kämpfen bis zum bitteren Ende!
Plötzlich sank Captain Custer in die Knie und schlug vornüber.
«Tom, um Gottes willen, Tom!» schrie der General. Er beugte sich nieder und drehte den bewegungslos Liegenden um. Mit brechenden Augen sah Tom Custer seinen Bruder an. Blut sickerte aus dem Munde, als er mit sterbender Stimme flüsterte:
«Es ist zu Ende, George, wir beide sehen uns an einem andern Ort wieder!»
Ein stämmiger, grausig bemalter Indianer in vollem Kriegsschmuck jagte auf rot-weiß geflecktem Hengst vorbei. Triumphierend stieß er den Kriegsruf aus und höhnte:
«Ho! Ho! Captain Custer. Hier kämpft Ite-o-Magazu, der Hunkpapahäuptling! Erinnerst du dich meiner? Oder hast du mein Wort vergessen?»
Krampfhaft versuchte sich der tödlich Verwundete nochmals aufzurichten. Entsetzliche Angst verzerrte die bleichen Züge. Seine Rechte preßte mit letzter Kraft des Bruders Arm, dann sank er entseelt zurück. Wieder kam

Regengesicht herangesprengt. General Custer drückte seinen Revolver ab. Leergeschossen! Mit grellem Lachen schmetterte der Offizier die unbrauchbare Waffe nach dem Häuptling. Nur um Haaresbreite verfehlte er den verhaßten Feind. Grimmig schüttelte er sein Haupt. Dann zog er den Säbel. Von neuem nahte sich der Hunkpapa. In vollem Galopp hob er den Bogen, zog die Sehne an, und flirrend bohrte sich der Pfeil in Custers Seite. Schwer schlug der Getroffene zu Boden. Mit einem Sprung war Regengesicht aus dem Sattel. Die Faust griff nach dem Tomahawk – und der General empfing den tödlichen Streich ...

*

Mitten in der Nacht vom 25. auf den 26. Juni ritt der Kundschafter Frank Grouard mit einer Meldung von Crook dem Little Big Horn-River entlang, um General Custer zu suchen. Er hatte keine Ahnung vom stattgefundenen Kampfe und von der gräßlichen Katastrophe, die den größten Teil des 7. Kavallerie-Regiments vernichtete. Plötzlich begann sein Pferd zu schnauben und zu zögern. Grouard dachte zuerst an Kojoten und trieb das ängstliche Tier mit Gewalt vorwärts. Aber nach wenigen Schritten blieb der Gaul endgültig stehen und zitterte heftig. Weder Sporen noch Schläge konnten ihn wieder in Bewegung setzen. Der Kundschafter stieg verärgert aus dem Sattel. Da bemerkte er eine Menge merkwürdiger bleicher Flekken auf dem dunklen Boden. Neugierig bückte er sich und spürte mit seiner tastenden Hand die kalten, starren Leichname. Von grausem Entsetzen geschüttelt, stieg Grouard auf und hetzte davon.

Erst zwei Tage später, am 27. Juni, stießen die Truppen General Terrys auf das Schlachtfeld. Sie zählten die Lei-

chen von 208 Offizieren, Unteroffizieren, Soldaten und Zivilisten, den vollen Bestand Custers Kolonne. Alles in allem bezahlten die Mila hanska ihren Überfall auf das Indianerdorf mit über 270 Toten und 60 Verwundeten. Ein einziges Lebewesen nur irrte auf dem Schlachtfeld herum: «Comanche», Captain Keoghs Pferd. Es wurde zurückgebracht und von seinen Wunden geheilt. Bis zu seinem Tode galt «Comanche» als ein verehrungswürdiges Tier, das jeweils bei den Paraden zum Jahrestag der Custerschlacht an der Spitze der Truppen marschierte. Die meisten Leichen waren skalpiert. Wenige Meter vom toten General entfernt lag die Leiche Tom Custers mit einer tiefen Brustwunde. Regengesicht hatte seinen Schwur eingelöst!
Ein Denkmal und Grabsteine zeigen heute die Stelle, wo Custer und seine Männer fielen. Das Schlachtfeld gilt als nationales Heiligtum, und jährlich finden sich auf diesem Schauplatz des größten Indianersieges aller Zeiten Tausende von Besuchern ein und lassen sich das «Custer Massacre» schildern.

Wakan tanka verhüllt sein Haupt

Das Herz wird mir schwer, wenn ich an mein Volk denke.

Häuptling Rote Wolke

Das für die Truppen so verhängnisvolle Treffen am Little Big Horn-River versetzte ganz Amerika in Aufruhr. Den Zeitungsjungen in New York, Chicago, Washington, Boston und in allen andern Städten riß man die Extrablätter mit der sensationellen Nachricht förmlich aus den Händen. Überall wo Menschen zusammentrafen, in den Büros, in den Fabriken, auf der Straße, am Stammtisch und in der Eisenbahn, wurde das unfaßliche, niederschmetternde Ereignis besprochen.

*

Häuptling Sitting Bull erhielt am 26. Juni von seinen Spähern Nachricht über den Anmarsch überlegener weißer Truppen. Vom Yellowstone her schoben sich die Heersäulen Terrys und Gibbons das Big Horn-Tal hinauf. Die roten Kräfte reichten nicht aus, auch dieser Übermacht entgegenzutreten. Häuptling Sitting Bull entschloß sich deshalb, den Feind ins Leere stoßen zu lassen. Bis die Generäle sich vom Schrecken über Custers Niederlage erholt und der Indianer Spur von neuem gefunden hätten, würde einige Zeit vergehen, überlegte der Häuptling, und bis dahin könnte es ihm gelingen, sich mit den anrückenden südlichen Cheyenne, den Kiowa und anderen Stämmen zu vereinigen. Dann wäre er wohl wieder stark genug, um den Mila hanska auf dem Kriegspfade zu begegnen. Möglich, daß die Generäle überhaupt auf eine Fortführung des Feldzuges verzichteten. Hatte er ihnen nicht handgreiflich gezeigt, wie sehr der rote Krieger dem weißen Soldaten überlegen war?

Sitting Bull ließ das Gefecht gegen Reno abbrechen und die gefallenen Krieger bestatten. Dann verschwand er in den Big Horn Mountains, um den von Mittag anmarschierenden Cheyenne entgegenzureiten. Die Weißen aber, statt von den Indianern zu lassen, griffen sie mit aller Macht an. «Rache für Custer!» wurde zum Feldgeschrei. «Tod den Indianern!» hieß die Losung.

General E. A. Carr, Kommandant des 5. US-Kavallerie-Regiments, erhielt vom Oberbefehlshaber Sheridan Auftrag, die anmarschierenden südlichen Stämme vor ihrer Vereinigung mit den Sioux aufzuhalten und zurückzuwerfen. Carr betraute mit dieser Aufgabe seinen Obersten Wesley Merrit. Zusammen mit dem Kundschafter William Cody, genannt Buffalo Bill, und mit 500 Kavalleristen, ritt Merrit nach dem War Bonnet Creek. Am 17. Juli trafen sie auf die Indianer, schnitten ihnen den Weg ab und warfen sie in einem heftigen Gefecht zurück. Carrs Erfolg vereitelte die Pläne Sitting Bulls. Von Tag zu Tag verschlimmerte sich seine Lage. Die Generäle ließen den Sioux keine Ruhe mehr. Wohin sie sich auch wenden wollten, überall wurden Custers Besieger von stark überlegenen Truppen erwartet. Mit gewaltiger Truppenmacht eilte General Nelson A. Miles in der Richtung auf den Zusammenfluß des Yellowstone mit dem Powder-River. Carr stieß mit seinem Regiment zu General Crook, und mit vereinten Kräften marschierten die beiden Heerführer Miles entgegen. Endlich stand im Gebiet des Rosebud und des Little Big Horn-River noch

die Armee Terry, deren Soldaten wie Bluthunde auf den Bergen und in den Tälern nach den Indianern suchten.
Um der drohenden Einkreisung und damit der sicheren Vernichtung zu entgehen und um das Leben von Frauen und Kindern zu retten, schlug Sitting Bull den verbündeten Häuptlingen vor, sich zu trennen. Es blieb den Indianern wohl nichts mehr anderes übrig, als diesen Vorschlag anzunehmen. Was konnten sie sonst noch anderes tun? Seit Wochen lebten sie buchstäblich nur noch von der Hand in den Mund und waren der Entkräftung nahe. Die Soldaten schossen alles Wild zusammen und ließen die Kadaver liegen. Zeitgenössische Berichte wollen sogar wissen, daß sie das Fleisch noch vergifteten.
Nach der vollzogenen Trennung hatten die Sioux und ihre Verbündeten keinen andern Wunsch, als so rasch als möglich die heimatlichen Jagdgründe zu erreichen und in Frieden gelassen zu werden. Für sie war jetzt der Krieg zu Ende und – so sagten sie sich in ihrer kindlich einfachen Denkweise – auch die Mila hanska werden froh sein, wenn sie wieder in ihre Forts zurückkehren können.
Schweren Herzens schieden die Sachems von ihrem Oberhäuptling. Ihr Gemüt war verdüstert und ihre Brust voller Trauer, denn Wakan tanka hatte sein Haupt verhüllt und wandte sich von seinen roten Kindern ab. Die Fackel des indianischen Freiheitskampfes erlosch – erlosch für alle Zeiten! Dunkel wurde die Welt des roten Mannes. Aus den gefürchteten Siegern von gestern waren arme, gejagte und heimatlose Wilde geworden. Der Vorhang für den letzten Akt des indianischen Trauerspiels öffnete sich.

*

Am 9. September überfiel Captain Anson Miles das Lager des Oglalahäuptlings Amerikanisches Pferd. Die Indianer wehrten sich tapfer, konnten aber der überlegenen Feuerkraft der Blauröcke nicht standhalten. Amerikanisches Pferd wurde tödlich verwundet und starb wenige Stunden nach dem ungleichen Kampfe. Was noch am Leben geblieben, führten die Truppen in Gefangenschaft. Dorf um Dorf fiel den streifenden Bataillonen zum Opfer, bis der letzte freie Indianer entweder getötet, gefangen oder in einer Reservation sichergestellt war. So endeten Wildes Pferd, Stumpfes Messer, Kleiner Wolf, Zwei Monde, Lahmer Hirsch, Pulvergesicht und alle diese tapferen und kühnen Häuptlinge. Knapp zehn Monate nach der Schlacht am Little Big Horn erlagen die Indianer dem Ansturm ihrer bleichgesichtigen Feinde.

*

Nur Sitting Bull zeigte sich auf dieser gnadenlosen Hetzjagd seinen Häschern noch einmal überlegen. Tag und Nacht hingen die Soldaten General Miles an seiner Fährte, verfolgten den Flüchtling durch die Wildnis der Big Horn Mountains, durch Wälder und Prärien. Männer, Frauen und Kinder der Hunkpapa hatten ungeheure Entbehrungen zu erdulden. Nach wochenlangen, mühseligen Märschen erreichten sie endlich ihre alte Heimat. Aber selbst dort war für sie des Bleibens nicht mehr! General Miles hielt ihre Spur! Von neuem wurden die Roten zur Flucht gezwungen.

Am 3. August 1876 kam Miles mit den Indianern in Fühlung. Fürchtete er die Pranke des gestellten Bären, daß er an Sitting Bull die Aufforderung ergehen ließ, mit ihm zusammen zu beraten? Wollte er mit List erreichen, was ihm bisher mißlungen war? Sitting Bull willigte ein, und Miles frohlockte. Nun endlich erhielt er die schon längst herbeigesehnte Chance, den Häuptling nicht nur zu sehen, sondern auch zu verhaften! Der Hunkpapa hingegen schien die Hinterhältigkeit der Einladung geahnt zu haben. Jedenfalls ließ er Frauen und Kinder unter genügender Bedekkung nach Norden in Marsch setzen und die Hauptmacht seiner Krieger in Bereitschaft halten.

Dann ritt er, begleitet von seinen Häuptlingen, auf den vereinbarten Treffpunkt dem General entgegen. In der Mitte zwischen den Soldaten und Indianern trafen Miles und Sitting Bull zusammen. Der General begegnete seinem roten Widersacher zum erstenmal von Angesicht und zeigte sich tief beeindruckt von dessen Würde und der Hoheit seiner Erscheinung. Tatanka Yotanka trug vollen Kriegsschmuck und saß auf seinem prächtigen Schlachtpferd. Nach der üblichen feierlichen Begrüßung forderte der Häuptling den General auf, ihn und den Stamm in Ruhe zu lassen. Miles wich aus und beschuldigte Sitting Bull der Unruhestiftung. Das Gespräch, anfänglich ruhig begonnen, wurde immer heftiger, und Miles sprach sich in großen Zorn hinein. Der Hunkpapa schlug vor, die Beratung abzubrechen und am andern Tage wieder aufzunehmen, «wenn das Blut seines weißen Bruders sich abgekühlt habe». In diesem Augenblick wurde er von Regengesicht unterbrochen.

«Der Häuptling der Hunkpapa halte die Augen offen. General Miles spricht mit gespaltener Zunge. Seine Soldaten bereiten einen Überfall vor!»

Ite-o-Magazu wies auf die Schwadronen, die sich langsam in Marsch gesetzt hatten und auf breiter Front vorrückten. Grimmige Wut zeigte sich auf Sitting Bulls Antlitz.

«Das also nennst du Besprechung, General! Du hast mich hergelockt, um mich zu fangen.»

Miles heuchelte Überraschung.

«Das Wort eines Offiziers hat nicht doppelten Sinn, Häuptling. Ich will dir nur zeigen, wie mein Regiment zu manövrieren versteht.»
Inzwischen waren die Truppen in schnellere Gangart gefallen, und die beiden Flügel schoben sich vor, deutlich einen Halbkreis bildend. Blitzschnell hatten die Indianer die ihnen drohende Gefahr erkannt. Sie rissen ihre Pferde herum und jagten ihren wartenden Kriegern entgegen. Im gleichen Augenblick schmetterten die Signalhörner der Kavallerie. Donnernd setzten sich die Schwadronen in Galopp.
Bleich vor Wut griff Miles nach der Pistole und feuerte einige Schüsse hinter den flüchtenden Häuptlingen her. Vergeblich! Im allerletzten Moment war ihm die begehrte Beute entwischt. Unverletzt erreichten die Häuptlinge ihre Krieger. Gut gezieltes Gewehrfeuer schlug in die Reihen der Soldaten und forderte Opfer. Unter seinem Schutz setzten sich die Sioux vom Feinde ab und verschwanden talwärts hinter einer mächtigen Felswand. Der vor Zorn kochende Miles befahl, mit einer verstärkten Schwadron die Flüchtenden zu verfolgen.
Nach stundenlanger Hetzjagd bogen die dicht aufgeschlossenen Truppen in eine enge, von hohen Felsen begrenzte Schlucht. Plötzlich rasselte ein Kugelregen auf sie nieder. Ehe die Mila hanska recht zur Besinnung kamen, wurden sie beidseits des Engpasses von starken Kräften angegriffen. Mit knapper Not gelang es einigen wenigen, aus dem Hinterhalt zu entweichen und in rasendem Ritt wieder zur Hauptmacht zu stoßen. Wohl suchte Miles den Eingeschlossenen Hilfe zu bringen, aber er kam zu spät. Die Indianer waren schon längst über alle Berge, und den Soldaten blieb nichts als die traurige Aufgabe, ihre gefallenen Kameraden zu bestatten.

Von einem Krähenkundschafter erhielt der General einige Tage später Meldung, daß die Hunkpapa jedenfalls die kanadische Grenze zu erreichen suchten. Wieder beeilte sich Miles, dem verhaßten Gegner den Weg zu verlegen. Aber auch Sitting Bull hielt sich über die Absichten und Bewegungen der Truppen auf dem laufenden. Geschickt wich er nach Westen aus und ließ die Verfolger ins Leere stoßen. Wochenlang spielten die Indianer mit ihren Gegnern Katz und Maus und hielten sie zum Narren. Zwischen den einzelnen Scharmützeln und Gefechten oblagen sie wieder der Jagd, denn der Hunger war ständiger Gast geworden in ihren Tipis. Frauen und Kinder boten einen erbarmungswürdigen Anblick.
Sitting Bull war sich klar, daß ihm auf die Dauer die Entscheidung zwischen Unterwerfung oder Auswanderung in das «Land der Großmutter» – so nannten die Indianer Kanada, weil damals Königin Victoria über Großbritanniens Weltreich regierte – nicht erspart blieb. Im Spätherbst hatte die Not unter den Hunkpapa gefährliche Ausmaße angenommen. Da gelang Sitting Bull nochmals ein Meisterstreich. Er überfiel mit seinen Kriegern einen riesigen Wagenzug. Im ersten Anlauf wurde die militärische Bedeckung erledigt und die Fuhrleute teils ebenfalls getötet, teils gefangengenommen. Als die Indianer sich an die Durchsuchung der mächtigen, schwerfälligen Wagen machten, sahen sie zu ihrer großen Freude, daß es sich um einen Verpflegungs- und Munitionstrain für General Miles handelte. Wie Wölfe stürzten sich die Ausgehungerten über die riesigen Mengen Lebensmittel und schlugen sich die Bäuche voll.
Dieses willkommene Ereignis gab ihnen neuen Mut. Sitting Bull zögerte seine Entscheidung wieder hinaus und erst als die letzten Vorräte aufgezehrt, überschritt er die rettende Grenze nach Kanada.

Die Flamme erlischt

Diese Arme, die den Bogen
Spannten streng und straff!
Seht, das Leben ist entflohen,
Seht, sie hängen schlaff!

Schiller, Nadowessiers Totenlied

Unbesiegt, nur der Übermacht und dem Hunger weichend, war Sitting Bull mit seinem Stamm nach Kanada übergetreten. Bis 1881 aßen er und die Seinen das karge und harte Brot der Fremde. Wohl hatte der Häuptling von den Mila hanska nichts mehr zu fürchten und konnte sich seiner zahlreichen, von ihm zärtlich geliebten Familie widmen. Aber in ihm bohrte die Sehnsucht nach den heimatlichen Jagdgründen, und dieses Heimweh ließ ihn nicht mehr zur Ruhe kommen. Aus den Vereinigten Staaten erreichten ihn wiederholt Botschaften mit der Aufforderung, doch wieder hinüberzukommen. Man versprach ihm Sicherheit an Leib und Leben und garantierte ihm, daß er mitten unter seinen Hunkpapa wohnen könne.

Bis 1880 hatte der Häuptling alle diese Angebote grollend zurückgewiesen. Zum Haß gegen die Weißen gesellte sich bei ihm ein tiefes und berechtigtes Mißtrauen gegen ihre Versprechungen. Nicht alle Angehörigen des Stammes besaßen den standhaften Willen Sitting Bulls. Immer mehr kam es vor, daß sich Indianer einzeln oder gruppenweise bei Nacht und Nebel wieder über die Grenze stahlen und irgendwo in Montana verschwanden. Gall und Regengesicht kehrten 1880 zurück und unterwarfen sich. Nach längerer Haft legten sie das Versprechen ab, nie mehr in

ihrem Leben nach den Waffen zu greifen. Beide hielten Wort. Regengesicht starb nach einem friedlichen Leben am 12. September 1905. Gall zog in die Standling Rock-Agentur und blieb bis zu seinem Tode, 1894, ein geachteter, von Roten und Weißen respektierter Mann. Andern Berichten zufolge soll er sich nach seiner Rückkehr mit Sitting Bull entzweit haben. Noch 45 Krieger und etwa 140 Frauen und Kinder teilten das Los ihres Stammeshäuptlings. Endlich, nach fast fünfjähriger Verbannung, gehorchte er dem Rufe seines Herzens und kehrte zurück nach den Staaten. In Fort Buford ergab er sich der Armee und wurde prompt eingesteckt. Zwei Jahre hielt man ihn auf Fort Randall in strenger Haft. Dann glaubte man die Indianer immerhin genügend unter Druck und Kontrolle zu haben, um auch den Gefährlichsten der ihrigen wieder seiner Familie zurückzugeben. Sitting Bull nahm Wohnsitz in der Standing Rock-Reservation, mitten unter seinem Stamme.
Nun wurde Sitting Bull plötzlich zu einer begehrten und kaufmännisch interessanten Person. Buffalo Bill, der frühere Büffeltöter und Indianerskalpierer, schleppte ihn während zwei Jahren in seinem Zirkus mit und verdiente Geld an ihm. Geschäftstüchtige Schausteller reisten mit dem Häuptling von Stadt zu Stadt und priesen ihn an als den Indianer, der den General Custer eigenhändig erschlagen habe. Zu Tausenden zogen die neugierigen Leute, nachdem sie je einen Dollar bezahlt, an dem in einem Zelte sitzenden Hunkpapa vorüber und gafften ihn an, so wie man einen Tiger im vergitterten Menageriekäfig anstaunt. Für zusätzliche fünfzig Cents erlaubte der Unternehmer, dem Häuptling die Hand zu drücken, worauf Sitting Bull jeweils ein knurriges «Ho!» hervorzustoßen hatte. Wieder andere photographierten den «gezähmten Wilden» und verkauften die Bilder mit Gewinn als Postkarten.

Der Häuptling ließ die ganze Geschäftstüchtigkeit der Weißen geduldig über sich ergehen. Erstens verstand er die Bleichgesichter und ihr Tun nicht, und zweitens war ihm das alles so gleichgültig wie nur irgend etwas. Während er so in den Städten des Ostens herumgereicht wurde, begann es in den Indianerreservationen zu gären.
Das Elend der zusammengepferchten Rothäute und die Gewissenlosigkeit der Indianeragenten schürten das Feuer der Empörung und brachten es neu zum Aufflammen. Von den Paiuteindianern im Süden kam die wahnwitzige «Geistertanz-Bewegung»[1] und fand auch unter den Sioux viele Anhänger. 1889 kehrte der frühere Oberhäuptling der Dakota wieder in die Standing Rock-Agentur zurück, baute sich eine primitive Blockhütte und war von nun an um keinen Preis mehr zu bewegen, von seinen Angehörigen und Stammesgenossen wegzugehen. Die Regierung schöpfte plötzlich Verdacht. War etwa Sitting Bull die Seele des sich abzeichnenden Aufstandes? Wäre es nicht besser, diesen ewigen Gefahren- und Unruheherd endgültig auszulöschen?
Sitting Bull sah die schwarze, unheimlich drohende Wolke nicht, die sich über ihm zusammenballte. Gewiß, er unterstützte die Rebellion nicht offen, aber er nahm innigen Anteil an allem, was seine gequälten Brüder bewegte. Noch mehr: Er genoß das volle Vertrauen aller Siouxindianer. Grund genug für die Regierung in Washington, gegen Sitting Bull vorsorgliche Maßnahmen einzuleiten. Im Dezember 1890 wurde ihm befohlen, in die Pine Ridge-Reservation umzusiedeln. Sein «Freund» Buffalo Bill wurde beauftragt, ihm den Beschluß mundgerecht zu machen.

[1] Näheres über die Geistertanz-Bewegung ist im Buch «Rote Wolke» zu lesen.

Aber der Hunkpapa fühlte hinter den glatten Worten die weiße Niedertracht. Er weigerte sich standhaft, dem Befehl Folge zu leisten.
Daraufhin ordnete die Regierung die Verhaftung des Häuptlings an.

*

Ein düsterer, trüber Dezembermorgen zog herauf. Graue Nebelschwaden hingen in der Luft. Aus dem Dämmerdunkel zwischen Tag und Nacht ritt eine Kolonne von vierzig Mann Indianerpolizei in das noch schlafende Hunkpapadorf. Leutnant Büffelkopf ließ absitzen. Mit mürrischen Gesichtern machten sich die Polizisten an Sattel und Zaumzeug zu schaffen. Es waren durchwegs Rothäute, die im Solde der Weißen standen und unter den eigenen Rassegenossen für «Ruhe und Ordnung» zu sorgen hatten. Ihnen fiel die «Ehre» zu, den letzten großen Häuptling der Indianer zu verhaften. Rote gegen Rote! Das Schicksal wollte das Schlußkapitel in der Geschichte der nordamerikanischen Indianer nochmals im Zeichen roten Bruderzwistes schreiben! Zwar war kaum anzunehmen, daß die Indianerpolizisten sich damals solche Gedanken gemacht haben. Sie dienten treu und zuverlässig dem Großen Vater in Washington und erhielten dafür Geld und eine schmucke Uniform. Noch vor zwanzig Jahren hätte man sie unter ihren Stammesgenossen deswegen angespuckt und sie mit Schimpf und Schande aus der Gemeinschaft verstoßen.
Das Hufegetrappel und das halblaute Sprechen der Polizisten brachten das Dorf zum Erwachen. Schlaftrunkene Gesichter guckten aus den Hütten und Zelten und zogen sich erschrocken wieder zurück.
«Wah! Die Blauröcke sind im Dorf!»

Die Männer zogen ihre Kleider an und förderten versteckte Waffen zu Tage.
Auf Befehl ihres Anführers umstellten die Häscher die kleine Siedlung. Dann näherte sich Leutnant Büffelkopf mit einem Trupp seiner Männer dem Blockhaus Sitting Bulls. Ein Sergeant namens Roter Tomahawk öffnete die Türe und rief nach dem Häuptling. Frauenweinen und Kinderschluchzen wurden hörbar. Sitting Bull, in eine Decke gehüllt, trat heraus und forschte nach dem Begehr der Polizisten.
Büffelkopf schrie grob:
«Wir wollen dich verhaften! Spute dich!»
«Es ist gut. Ich möchte mich noch anziehen, dann folge ich euch.»
Er trat wieder ins Zelt, beschwichtigte die weinenden Frauen, streichelte seine verängstigten Kinder und zog sein Kriegsgewand an. Dann gab er Krähenfuß, seinem vierzehnjährigen Lieblingssohn Auftrag, das beste Pferd aus der Herde zu holen.
Mittlerweile war es heller geworden. Ein dünner, alles durchdringender Nebelregen rieselte nieder und machte die Polizisten frösteln. Da und dort kamen bis zum Hals in Decken gehüllte Männer herangeschlendert und blieben bei Sitting Bulls Hütte stehen. Stumm musterten sie die Polizisten. Büffelkopf wurde es alsgemach unbehaglich. Er flüsterte mit seinem Sergeanten, und Roter Tomahawk öffnete aufs neue die Türe zu Sitting Bulls Hütte. Prüfend sah er hinein.
«Mein Bruder ist mißtrauisch?» frug der Häuptling mit spöttischem Lächeln. «Er darf zu Tatanka Yotanka Vertrauen haben. Der Hunkpapa trägt keine Waffen.»
Krähenfuß kam mit dem Pferd. Sitting Bull trat den Häschern entgegen. «Ich bin gekommen!»

Er ergriff die Zügel aus der Hand seines Sohnes, strich dem Jüngling mit einer zärtlichen, abschiednehmenden Gebärde über den schwarzen Scheitel. Da gewahrte er in Krähenfuß' Augen Tränen.
«Mein Sohn, bleibe fest und gedenke deines Vaters», raunte er ihm zu.
Da schwang er sich auf den Rücken des Hengstes.
In diesem Augenblick schrie Krähenfuß, überwältigt von Schmerz und Trauer:
«Mein Vater hat einst erklärt, daß er nie mehr den Mila hanska folgen werde. Jetzt will er seine eigenen Worte Lügen strafen und sogar jenen gehorchen, die an ihrem Volk zu Verrätern wurden!»
Sitting Bull zuckte zusammen. Er sah in das tränenüberströmte Gesicht seines Sohnes. Er sah die schmerzgebeugten Gestalten der Frauen. Aber er blickte auch in die versteinerten Gesichter der einstigen Krieger, die in dichten Reihen um die Gruppe herumstanden.
Büffelkopf hatte es eilig.
«Aufsitzen! Voraus reite ich mit der ersten Gruppe. Sergeant Roter Tomahawk folgt mit dem Verhafteten, und Sergeant Kreisender Falke führt die zweite Gruppe.»
Sitting Bull überlegte fieberhaft. Sich verhaften lassen? Sich nochmals unterwerfen? Von diesen Verrätern weggeführt werden? Jetzt Widerstand leisten, hieß einen neuen Aufstand entfesseln! Sein Ausgang war klar: Tod und Vernichtung für die Indianer. Aber lohnte es sich überhaupt noch zu leben? Ist es nicht besser zu sterben, als in Gefangenschaft zu schmachten? Und seine Brüder, die da stumm auf ihn blickten, baten ihre Augen nicht um einen Befehl? Die Polizisten schickten sich an, den Befehl des Leutnants auszuführen. Da richtete sich Sitting Bull auf, hob die Faust empor und schrie:

«Nein! Nein! Drauf, auf die Verräter! Wehrt euch, meine Brüder, wehrt euch!»
Die Decken fielen von den Hunkpapa. Plötzlich hatten alle Gewehre in den Händen, und schon prasselte eine Salve los. Büffelkopf fiel durch die Stirn geschossen zu Boden. Noch im Stürzen hielt er seinen Revolver auf Sitting Bull angeschlagen. Mit einem Satz sprang Roter Tomahawk zum gefallenen Leutnant, entriß ihm die Waffe und drückte los. Tödlich getroffen sank der Oberhäuptling zusammen und wurde vom scheuenden Hengst abgeworfen.
Rasend vor Wut warfen sich die Hunkpapa auf die verhaßten Polizisten. Krähenfuß wehrte sich mit den bloßen Fäusten über der Leiche seines Vaters. Da traf auch ihn die tödliche Kugel.

*

Sitting Bulls Tod gab das Signal zum letzten, verzweifelten Aufstand der Sioux. Die Indianer brachen aus den Reservationen aus, und wieder mußten ganze Regimenter weißer Truppen eingesetzt werden, um die Rebellion zu unterdrücken. Damals geschah das grauenvolle Blutbad von Wounded Knee, wo das 7. US-Kavallerie-Regiment unter Oberst Forsyth die Bande des Siouxhäuptlings Großer Fuß bis zum letzten Lebewesen niedermetzelte.

*

Am 14. Dezember 1890 wurde Sitting Bull ermordet. Er erreichte ein Alter von 59 Jahren. Drei Tage später, am 17. Dezember, wurde im Militärfriedhof auf Fort Yates ein Grab ausgehoben. In Anwesenheit des Major Mac Laughlin senkten vier Soldaten den Leichnam Sitting Bulls hinab.

Die Bestattung geschah ohne jede Feierlichkeit, und die Soldaten beeilten sich mit ihrer Arbeit, denn es war unangenehm kalt.

Literaturverzeichnis

Brady, C. T. — *Indian Fights and Fighters*
Doubleday, Page & Co., New York, 1913

Finerty, John F. — *Warpath and Bivouac*
Chicago, 1890

Frazier and Robert Hunt — *I fought with Custer*
Scribners, New York, 1947

Garst, Shannon — *Sitting Bull, Champion of his People*
Julian Messmer, Inc., New York, 1949

Garst, Shannon — *Custer, Fighter of the Plains*
Julian Messmer, Inc., New York, 1949

Graham, Colonel W. A. — *The story of the Little Big Horn*
Military Service Publishing Comp., Harrisburg, 1945

Johnson, W. Fletcher — *Life of Sitting Bull and History of the Indian War*
Edgewood Publishing Comp., 1891

Mc Laughlin, James — *My Friend the Indian*
Houghton Mifflin & Comp., Boston, 1910

Mooney, James — *The Ghost-Dance Religion and the Sioux Outbreak of* 1890
Bureau of American Ethnology, Washington, 1896

Vestal, Stanley — *New Sources of Indian History*
University of Oklahoma Press, Norman, 1934

u.a.m. (siehe auch Band «Rote Wolke»)